Hermann Kunz

Die Schlacht von Noisseville

Hermann Kunz

Die Schlacht von Noisseville

ISBN/EAN: 9783741184628

Hergestellt in Europa, USA, Kanada, Australien, Japan

Cover: Foto ©ninafisch / pixelio.de

Manufactured and distributed by brebook publishing software (www.brebook.com)

Hermann Kunz

Die Schlacht von Noisseville

Die Schlacht von Noisseville

am

31. August und 1. September 1870.

Von

Kunz,
Major a. D.

Mit einem Plane in Steindruck.

Berlin 1892.
Ernst Siegfried Mittler und Sohn
Königliche Hofbuchhandlung
Kochstraße 68—70.

Mit Vorbehalt des Uebersetzungsrechtes.

Vorwort.

Die Schlacht von Noisseville bietet dem jungen Offizier eine Fülle von Stoff zur eigenen Belehrung, zu Vorträgen und zu Winterarbeiten. Fast alle taktischen Fragen belegt diese Schlacht mit Beispielen. Es fehlen eigentlich nur eine große Kavallerieattacke und ein Waldgefecht. Eine Uebersicht aller taktisch wichtigen Ereignisse in der Schlacht von Noisseville findet sich in den taktischen Bemerkungen am Schlusse meiner Arbeit.

Diese Arbeit ist in genau demselben Sinne geschrieben, wie meine bisherigen Schriften. Ich will der Wahrheit nachspüren, ohne irgend Jemanden dabei zu verletzen; ich will die Ereignisse kurz, übersichtlich und klar darstellen, die Stärke- und Verlustverhältnisse möglichst gründlich behandeln und durch zahlreiche taktische Bemerkungen das Interesse der Leser anregen, damit dieselben sich ein eigenes Urtheil über die Ereignisse bilden können.

Möchte auch dieser Arbeit das gleiche Wohlwollen zu Theil werden, welches meine früheren Schriften in so reichem Maße gefunden haben.

Berlin, im September 1892.

Hermann Kunz.

Inhalts-Verzeichniß.

	Seite
I. Einleitung	1
II. Der 31. August	20
III. Der 1. September	81
IV. Schlußbetrachtungen	117

Quellen.

A. Deutsche.

1. Aus dem Leben des General-Feldmarschalls Erwin Freiherrn v. Manteuffel. Berlin 1874.
2. Einzelschriften, Kriegsgeschichtliche. Herausgegeben vom großen Generalstabe, Abtheilung für Kriegsgeschichte. Heft 8 und 11. Berlin 1887 und 1889.
3. v. Firks, A., Freiherr (Hauptmann), Die Vertheidigung von Metz im Jahre 1870. Berlin 1872.
4. Generalstabswerk. Der deutsch-französische Krieg 1870—1871. Redigirt von der kriegsgeschichtlichen Abtheilung des großen Generalstabes. Berlin 1874 bis 1881.
5. Goetze, A. (Hauptmann), Die Thätigkeit der deutschen Ingenieure und technischen Truppen im deutsch-französischen Kriege 1870—1871. Berlin 1872, 1873.
6. v. d. Goltz, Freiherr (Hauptmann), Die Operationen der II. Armee vom Beginne des Krieges bis zur Kapitulation von Metz. Dargestellt nach den Operationsakten des Oberkommandos der II. Armee. Berlin 1873.
7. Hoffbauer, E. (Major), Die deutsche Artillerie in den Schlachten bei Metz. Vierter Theil. Noisseville. Berlin 1875.
8. J. R., Die Cernirungsoperationen bei Metz. Teschen 1875.
9. v. Moltke, Helmuth, Graf (General-Feldmarschall), Gesammelte Schriften und Denkwürdigkeiten. Dritter Band. Geschichte des deutsch-französischen Krieges von 1870—1871. Berlin 1891.
10. Paulus, G. (Hauptmann), Die Cernirung von Metz im Jahre 1870. Auf Befehl der Königl. General-Inspektion des Ingenieurkorps und der Festungen unter Benutzung amtlicher Quellen bearbeitet. Berlin 1875.
11. Rüstow, W., Der Krieg um die Rheingrenze 1870. Politisch und militärisch dargestellt. Zürich 1871.
12. v. Schell, A. (Major), Die Operationen der I. Armee unter General v. Steinmetz. Vom Beginne des Krieges bis zur Kapitulation von Metz. Dargestellt nach den Operationsakten des Oberkommandos der I. Armee. Berlin 1872.
13. Scherf, H., Die Theilnahme der großherzoglich hessischen (25.) Division an dem Feldzuge 1870—1871 gegen Frankreich. Auf Allerhöchste Veranlassung Sr. Königl. Hoheit des Großherzogs Ludwig IV. von Hessen und bei Rhein und auf Grund offizieller Akten dargestellt. Darmstadt 1877—1881.

— VII —

B. Französische.

14. Agonie de l'armée du Rhin. Paris 1872.
15. Ambert, Baron, Gaulois et Germains. Récits militaires. Paris 1885.
16. Andlau, Metz, Campagne et négociations; par un officier supérieur de l'armée du Rhin. Paris 1872.
17. L'armée de Metz et le maréchal Bazaine. Réponse au rapport sommaire du maréchal Bazaine. Paris 1871.
18. Rapport sommaire du maréchal Bazaine sur les opérations de l'armée du Rhin. Genève 1871.
19. Bazaine, L'armée du Rhin depuis le 12 août jusqu'au 29 octobre 1870. Paris 1872.
20. Bazaine, Episodes de la guerre de 1870 et du blocus de Metz. Madrid 1883.
21. Bazaine et l'armée du Rhin. Souvenirs et journal d'un officier. Paris 1873.
22. Bazaine et l'armée de Metz. Opérations militaires par un officier de cette armée. Bruxelles 1871.
23. Bonie, Campagne de 1870. La cavalerie française. Paris 1871.
24. Bonnet, Guerre franco-allemande 1870/71. Résumé et commentaires de l'ouvrage du grand état-major prussien. Paris 1878—1883.
25. Canonge, Histoire militaire contemporaine. Paris 1882.
26. De Beauvoir, Nos généraux. Paris 1885.
27. Dally, Journal d'un officier de la brigade Lapasset.
28. De la Bruyère, L'affaire Bazaine. Paris 1874.
29. Deligny, Armée de Metz. 1871.
30. Dubois, Notes d'un officier du 1er voltigeurs de la garde impériale.
31. Amédée Le Faure, Histoire de la guerre franco-allemande 1870—1871. Paris 1874.
32. Fay, Journal d'un officier de l'armée du Rhin. Paris 1871.
33. Histoire de la guerre de 1870. Par V. D., officier d'état-major. Paris 1871.
34. Hérisson, le comte de, La légende de Metz. Paris 1888.
35. Dick de Lonlay, Tome V. Paris 1890.
36. Lecomte, Guerre de 1870-1871. Genève 1872.
37. Leurs, L'artillerie de campagne prussienne de 1864 à 1870. Son rôle dans les grandes batailles autour de Metz. Bruxelles 1874.
38. Meissas, Journal d'un aumônier militaire. 1872.
39. De Montluisant, Armée du Rhin, ses épreuves, la chute de Metz.
40. Le Procès du maréchal Bazaine. Premier conseil de guerre séant au Grand-Trianon. Nantes 1873.
41. Souvenirs du général Jarras. Paris 1892.
42. Spoll, Campagne de la Moselle. Paris 1871.
43. Quesnoy, Campagne de 1870. Paris 1871.
44. Vandevelde, Commentaires sur la guerre de 1870—1871. Bruxelles 1872.

C. **Deutsche Regimentsgeschichten.**

45. Geschichte des Gren.-Regiments König Friedrich III. (1. Ostpreuß.) Nr. 1.
46. " " " " König Friedrich Wilhelm I. (2. Ostpreuß.) Nr. 3.
47. " " Magdeburgischen Füsilier-Regiments Nr. 36.
48. " " Infanterie-Regiments von Boyen (5. Ostpreuß.) Nr. 41.
49. " " Inf.-Regts. Herzog Karl von Mecklenburg-Strelitz (6. Ostpr.) Nr. 43.
50. " " Infanterie-Regiments Graf Dönhoff (7. Ostpreuß.) Nr. 44.
51. " " 5. Westfälischen Infanterie-Regiments Nr. 53.
52. " " 2. Hannoverschen Infanterie-Regiments Nr. 77.
53. " " Infanterie-Regiments von Manstein (Schlesw.) Nr. 84.
54. " " " Herzog von Holstein (Holstein.) Nr. 85.
55. " " Jäger-Bataillons Graf Yorck von Wartenburg (Ostpreuß.) Nr. 1.
56. " " Dragoner-Regiments Prinz Albrecht von Preußen (Litth.) Nr. 1.
57. " " 1. Großherzogl. Hessischen (Garde-) Dragoner-Regiments Nr. 23.
58. " " Feld-Artillerie-Regiments Prinz August von Preußen (Ostpr.) Nr. 1.
59. " " Großherzoglich Hessischen Feld-Artillerie-Regiments Nr. 25.

D. **Französische Regimentsgeschichten.**

60. Historique du 6ième régiment de ligne.
61. " " 7 " " " "
62. " " 12 " " " "
63. " " 13 " " " "
64. " " 25 " " " "
65. " " 26 " " " "
66. " " 32 " " " "
67. " " 33 " " " "
68. " " 51 " " " "
69. " " 62 " " " "
70. " " 64 " " " "
71. " " 65 " " " "
72. " " 67 " " " "
73. " " 69 " " " "
74. " " 71 " " " "
75. " " 75 " " " "
76. " " 76 " " " "
77. " " 85 " " " "
78. " " 90 " " " "
79. " " 94 " " " "
80. " " 95 " " " "
81. " " 2 " bataillon de chasseurs.
82. " " 5 " " " "
83. " " 7 " " " "
84. " " 11 " " " "
85. " " 20 " " " "
86. " " 2 " régiment de dragons.
87. " " 12 " " " "

I. Einleitung.

Die Niederlage von St. Privat la Montagne am 18. August 1870 hatte die französische Rheinarmee dazu gezwungen, nach Metz zurückzugehen und in dieser Festung sich einschließen zu lassen. In Metz konnte binnen kürzester Zeit die Munition ergänzt und Ersatz für die großen, in den drei Augustschlachten erlittenen Verluste an Artilleriebespannungen herbeigeschafft werden: auch hatten die Franzosen den Vortheil, daß eine Ergänzung ihres Effektivstandes in Metz ermöglicht wurde. Es befanden sich nämlich alle Marschunfähigen, Leichtkranken und Leichtverwundeten in Metz, soweit sie nicht vor dem Beginn der Einschließung noch in das Innere Frankreichs hatten evakuirt werden können. Die Möglichkeit einer derartigen Evakuation auf der Eisenbahn über Pont à Mousson wurde bekanntlich sehr frühzeitig unterbunden; es blieb also nur noch die Eisenbahn über Thionville übrig, deren Benutzung die Schlacht vom 18. August gleichfalls ein Ende machte.

Deutscherseits wurden natürlich alle Leichtverwundeten und überhaupt alle transportfähigen Kranken und Verwundeten so schnell als möglich nach Deutschland befördert. Man schaffte dadurch Platz für die nach Tausenden zählenden Schwerverwundeten, erleichterte deren Pflege und verringerte die ohnehin schon erhebliche Sterblichkeit unter dieser nur allzu großen Kategorie. Andererseits ergab sich daraus aber auch wieder eine Schwierigkeit für die Ergänzung der Effektivstärken, welche durch die ungeheuren Verluste der drei Augustschlachten in mitunter erschreckender Weise herabgemindert worden waren. Ein Ersatz für diese gewaltigen Verluste konnte nur durch die Ersatz-Truppentheile erfolgen, erforderte also naturgemäß sehr lange Zeit.

Die Franzosen dagegen waren gezwungen, alle Verwundeten und Kranken in Metz unterzubringen; es trat mithin eine Ueberfüllung der dortigen Lazarethe ein; die Sterblichkeit wuchs aus diesem Grunde in besorgnißerregender Weise. Dafür bot sich aber den Franzosen die Möglichkeit, alle Leichtverwundeten und Leichtkranken unmittelbar nach ihrer Wiederherstellung den betreffenden Truppentheilen wieder einzuverleiben und auf diese Weise den gleichfalls stark herabgeminderten Effektivstand erheblich zu erhöhen. Es ist durchaus nothwendig, an diese Verhältnisse sich stets zu erinnern, weil man sonst den trotz aller erlittenen, schweren Verluste verhältnißmäßig hohen Effektivstand der Franzosen in Metz sich nicht recht erklären kann.

Wir geben im Folgenden eine Uebersicht über die Stärke der einzelnen Divisionen, und zwar zunächst über die höchste, überhaupt erreichte Stärke derselben, dann über die in den drei Augustschlachten vom 14., 16., 18. August erlittenen Verluste, und schließlich über die ungefähre Stärke am 31. August früh. Wir glauben, durch eine solche Uebersicht am zuverlässigsten ein richtiges Bild von der Leistungsfähigkeit der einzelnen Divisionen geben zu können. Bei den Divisionen Bergé und Jauvart-Bastoul des 2. Armeekorps berücksichtigen wir auch die am 2. und 6. August erlittenen Verluste. Dadurch kommen wir bei diesen beiden Divisionen allerdings auf eine Stärke, welche niemals auf einem Schlachtfelde vereinigt gewesen ist, weil ein großer Theil der Reservisten und Urlauber erst nach dem 6. August eintraf. Noch bemerken wir, daß unsere Angaben sich ausschließlich auf die Infanterie und hier wiederum nur auf die Streitbaren beziehen. Für die Stärkeangabe am 31. August sind wir von der Annahme ausgegangen, daß etwa 10 pCt. der erlittenen Verluste durch Heranziehen der in Metz untergebrachten und inzwischen wieder genesenen Leichtkranken, Marschunfähigen und Leichtverwundeten ausgeglichen worden sind; außerdem rechnen wir in diesen 10 pCt. die nicht unbedeutende Zahl von „Drückebergern" mit, welche ja gezwungenermaßen gleichfalls in Metz ihre Zuflucht suchen mußten und hier natürlich sehr bald ihren Truppentheilen wieder zugeführt werden konnten; während so mancher Angehörige dieser Kategorie deutscherseits bis weit über den Rhein hinausgelangte, ehe man sein angebliches Leiden als „simulirt" festzustellen vermochte. Kein erfahrener Kriegsmann wird sich darüber wundern, denn unsere Aerzte hatten nach den Augustschlachten wichtigere Dinge zu erledigen, als daß sie mit „Simulanten" sich eingehend hätten befassen können.

Höchste Stärke der einzelnen Divisionen.		Verluste bis einschl. 18. August.	Ungefähre Stärke am 31. August früh.
Division Bergé	8 620 Gewehre	3 470 Mann	5 500 Gewehre
҆ Jauvart-Bastoul .	9 365 ҆	3 545 ҆	6 150 ҆
Brigade Lapasset . . .	4 200 ҆	950 ҆	3 350 ҆
Division Montaudon . .	8 450 ҆	1 160 ҆	7 400 ҆
҆ Castagny . . .	8 450 ҆	1 730 ҆	6 900 ҆
҆ Metman . . .	8 450 ҆	1 600 ҆	7 000 ҆
҆ Aymard .	8 450 ҆	1 400 ҆	7 200 ҆
҆ Cissey . . .	8 450 ҆	3 350 ҆	5 450 ҆
҆ Grenier . . .	8 450 ҆	2 750 ҆	6 000 ҆
҆ Lorencez . . .	8 450 ҆	2 120 ҆	6 550 ҆
҆ Tixier . . .	9 300 ҆	2 700 ҆	6 900 ҆
Regiment Nr. 9	2 100 ҆	900 ҆	1 250 ҆
Division Lafont de Villiers	8 400 ҆	3 650 ҆	5 100 ҆
҆ Levassor-Sorval .	8 400 ҆	3 100 ҆	5 600 ҆
҆ Garde-Grenadiere	5 000 ҆	1 360 ҆	3 800 ҆
҆ Garde-Voltigeurs	6 810 ҆	920 ҆	6 000 ҆
Summe:	121 335 Gewehre	34 705 Mann	90 150 Gewehre.

Für die einzelnen Armeekorps (beim 2. Armeekorps ohne die Division Lavaucoupet,, dagegen einschließlich der Brigade Lapasset) stellen sich dieselben Zahlen wie folgt:

	Höchste Stärke.	Erlittene Verluste.	Stärke am 31. August.
Gardekorps .	11 810 Gewehre	2 280 Mann	9 800 Gewehre
2. Armeekorps	22 175 ҆	7 965 ҆	15 000 ҆
3. ҆	33 800 ҆	5 890 ҆	28 500 ҆
4. ҆	25 350 ҆	8 220 ҆	18 000 ҆
6. ҆	28 200 ҆	10 350 ҆	18 650 ҆
Summe:	121 335 Gewehre	34 705 M. Verlust	90 150 Gewehre.

Die Verlustangaben beruhen auf sehr sorgfältigen Berechnungen, welche wir durch Vergleich der offiziellen Verlustangaben mit den Angaben der „historiques" der einzelnen Regimenter und den Angaben Dick de Lonlays erzielt haben. Die ungefähre Stärkeangabe für den 31. August ist durchweg abgerundet worden.

Die französische Reiterei hat an der Schlacht von Noisseville nur einen äußerst geringen Antheil genommen. Die Rheinarmee zählte am 14. August, ausschließlich der den Kaiser Napoleon begleitenden Schwadronen, 13 300 Säbel, sie verlor in den drei Augustschlachten etwa 1160 Mann, wahrscheinlich aber bedeutend mehr Pferde. Da letztere in Metz nicht ergänzt werden konnten, stellt sich der Gefechtsstand der französischen Reiterei für den 31. August nach unseren Berechnungen auf 11860 Säbel. Die Dragoner-Division Clérembault, welche in die Schlacht eingriff, hatte am Morgen des 31. August einen Gefechtsstand von etwa 1760 Säbeln, also im Durchschnitt von 110 Säbeln pro Schwadron.

Bei der französischen Artillerie darf man wohl annehmen, daß alle verloren gegangenen Bespannungen bei den fechtenden Batterien am 31. August wieder ergänzt worden waren. Es ist freilich wahrscheinlich, daß die Bewegungsfähigkeit der Reserveparks und Munitionskolonnen durch eine derartige Ergänzung des Verlustes an Pferden bedeutend gelitten haben mag; indessen ist es vorläufig ganz unmöglich, hierüber auch nur annähernd zuverlässige Angaben beizubringen. Der Verlust der Artillerie der Rheinarmee in den drei Augustschlachten betrug an Bedienungsmannschaften etwa rund 1500 Mann. Da Dick de Lonlay immer nur die Verluste der einzelnen Batterien angiebt und auch dies keineswegs immer erschöpfend, so ist es nicht ausgeschlossen, daß der wirkliche Verlust sich höher stellt, weil auch die Munitionskolonnen vermuthlich Verluste erlitten haben werden. Erst ein amtliches französisches Geschichtswerk kann diese Zweifel aufklären. Das Werk von Montluisant beziffert den Verlust der Artillerie der Armeekorps: Garde, 2., 3., 4. und 6. in den drei Augustschlachten auf 92 Offiziere, 1338 Mann, 1442 Pferde.

Der Geist der Truppen war durchaus gut; die Franzosen betrachteten sich ja für den 14. und 16. August als Sieger; nur das 4. und 6. Armeekorps hatten das volle Bewußtsein, am 18. August eine regelrechte Niederlage erlitten zu haben. Dagegen betrachteten das 2. und 3. Armeekorps sich auch an diesem Tage als siegreich und zwar mit vollem Rechte. Jedoch war das Vertrauen der Truppen in die höhere Führung infolge der fortwährenden Rückzüge nach den angeblichen Siegen erschüttert. Auch bleibt es mindestens fraglich, ob nicht das 2. und große Theile des 6. Armeekorps auch am 16. August eine richtige Vorstellung davon gewonnen hatten, daß sie für ihr Theil sogar recht gründlich geschlagen worden waren. Der kolossale Verlust an Offizieren machte sich naturgemäß geltend, er betrug nach den offiziellen Angaben:

für den 14. August 200 Offiziere,
= = 16. = 837 =
= = 18. = 595 =

zusammen: 1632 Offiziere.

Allein ein großer Theil des französischen Offizierkorps ging ja ohnehin aus den Unteroffizieren hervor, und es stand nichts im Wege,

eine Ergänzung der fehlenden Offiziere aus den Kreisen der äußerst
brauchbaren Unteroffiziere vorzunehmen. Im Ganzen muß man also
sagen, daß die Rheinarmee am 31. August durchaus zur Offensive
geeignet war. An Munition herrschte kein Mangel; hatte man doch
auf dem Bahnhofe von Metz ganz zufällig am 20. August einen ganzen
Eisenbahnzug mit mehr als vier Millionen Chassepotpatronen entdeckt,
von dessen Vorhandensein vorher Niemand eine Ahnung gehabt hatte.

Es darf angenommen werden, daß Marschall Bazaine in der
ersten Zeit über die Vorgänge im Einschließungsheere recht gut unter=
richtet war. Eine strenge Abschließung des gesammten Umfanges von
Metz fand namentlich auf dem rechten Moselufer erst später statt, nach
der Schlacht von Noisseville. Inwieweit Bazaine über die Operationen
Mac Mahons unterrichtet war, ist trotz des Prozesses von Trianon nicht
völlig klargestellt worden. Jedenfalls erfuhr der Marschall am 28. August
durch Agenten, daß das 2. und 3. preußische Armeekorps in westlicher
Richtung abmarschirt seien. Der Moment für einen Durchbruchsversuch
schien also besonders günstig zu sein.

Schon am 26. August hatte Bazaine seine Armee auf dem rechten
Moselufer versammelt, indessen keinen ernsten Angriff unternommen.
Vielmehr endete die ganze Operation mit einem Kriegsrathe, welcher
im Schlosse Grimont um 2 Uhr Nachmittags zusammentrat und zu
dem Beschlusse führte, die Rheinarmee in den Lagern von Metz ver=
bleiben zu lassen, woselbst ihr ein entscheidender Einfluß auf den Gang
des Krieges gesichert sei.

Ohne jeden Zweifel hatte Bazaine am 26. August nicht die Absicht,
das deutsche Einschließungsheer zu durchbrechen. Die kriegerische Stimmung
der Armee, die eingegangenen Nachrichten zwangen den Marschall zum
Handeln, sehr gegen seinen Willen. Daher die Scheinunternehmung
vom 26. August; daher aber auch nach unserer Ueberzeugung der matte
Durchbruchsversuch vom 31. August und 1. September. Am 29. August
erhielt Bazaine die Nachricht, daß die Armee von Châlons am 27. August
die Maas bei Stenay und südlich davon erreicht haben müsse. Am
30. August traf eine ältere Depesche ein, welche den Vormarsch Mac
Mahons nach der Aisne meldete. Nun mußte Bazaine endlich handeln.
Alle seine Anordnungen lassen aber nur erkennen, daß er den Wunsch
hatte, die Deutschen dazu zu verleiten, das linke Moselufer möglichst
von Truppen zu entblößen und dadurch eventuell den Vormarsch der
Armee von Châlons zu erleichtern. Bazaine selbst wollte sein Heer
nicht in gefährliche Unternehmungen stürzen. Wir glauben, daß der

Marschall kein Vertrauen auf eine erfolgreiche Operation der Armee von Chálons hatte, daß er vielmehr der Meinung war, der Krieg könne eine günstige Wendung nicht mehr nehmen, es sei daher das Klügste, die Rheinarmee bis zum Friedensschlusse möglichst intakt in Metz zu erhalten. Einige Jahre später könnte man dann ja unter günstigeren Vorbedingungen und nach sorgfältigerer Vorbereitung den Krieg aufs Neue beginnen. Nebenbei scheint Bazaine auch das Bewußtsein gehabt zu haben, daß er kein Feldherr sei; er fühlte sich seiner großen Aufgabe nicht gewachsen und hatte doch nicht den Muth, dies offen zu bekennen. Ueber seinen Charakter sagt der Chef des Generalstabes der Rheinarmee, General Jarras (Seite 132 des eben erschienenen Werks: Souvenirs du Général Jarras) Folgendes:

„Il ne possédait en aucune manière l'énergie du commandement; il ne savait pas dire: „Je veux", et se faire obéir. Donner un ordre net et précis était de sa part une chose impossible. Je crois aussi bien fermement que, quoi qu'il fît, il sentait dans son for intérieur que la situation et les événements étaient au-dessus de ses forces. Il succombait sous le poids de cette vérité accablante. N'ayant pas su arrêter un plan de conduite, il n'avait pas un but net et précis, il tâtonnait et voulait ne rien compromettre en attendant que les événements lui ouvrissent des horizons nouveaux dont il espérait, au moyen d'expédients plus ou moins équivoques, parvenir à dégager sinon son armée, au moins sa personnalité et ses intérêts. La fortune ne l'avait-elle pas favorisé jusqu'alors au-delà de ses espérances? Faute de mieux, il s'est abandonné au hasard, dernière ressource de ceux qui ne comptent plus sur eux-mêmes."

Man sollte meinen, daß der Generalstabschef, welcher täglich mit Bazaine verkehren mußte, ein ziemlich richtiges Bild von diesem seinem unmittelbaren Vorgesetzten hätte gewinnen können.

Jedenfalls faßte Bazaine den Entschluß, am 31. August auf dem rechten Moselufer eine Schlacht zu schlagen. Kam die Armee von Chálons wirklich vor Metz an, dann wäre ihr ein Durchbrechen des Einschließungsheeres auf dem linken Moselufer um so leichter geworden, je mehr die Deutschen dieses Ufer, infolge der Versammlung der Rheinarmee auf dem entgegengesetzten Ufer, entblößt hätten. Uebrigens hätte ein Angriff der Rheinarmee gegen die deutschen Stellungen auf dem linken Moselufer zweifellos im Gelände große Schwierigkeiten gefunden. Ein Durchbruchsversuch der Rheinarmee in der Richtung auf Woippy—

Ladonchamps bot zu geringen Entwickelungsraum und wäre von den Deutschen von Anfang an auf beiden Flügeln umfaßt worden.

Dagegen war es auf dem rechten Moselufer sehr wohl möglich, den linken Flügel der Deutschen bei Noisseville zu umfassen, und konnte zweifellos bei geschickter Führung, zweckmäßigen Maßregeln und ernstem Willen hier ein Sieg erfochten werden. Die große Lücke zwischen Noisseville und Courcelles war deutscherseits fast nur durch recht schwache Kavallerie beobachtet. Ein überraschender Angriff mit starken Massen am frühen Morgen des 31. August hätte nennenswerthen Widerstand hier überhaupt nicht gefunden. Das ganze 2. und 3. französische Armeekorps lagerten bereits auf dem rechten Moselufer. Es wäre zweckmäßig gewesen, die Division Lapeauconpet abzulösen und zur Feld-armee heranzuziehen. Diese Division hatte am 6. August bei Spicheren allerdings stark gelitten, seither aber gar nicht mehr gefochten. Man konnte an ihrer Stelle diejenigen Truppentheile zur Festungsbesatzung bestimmen, welche am meisten gelitten hatten, z. B. die Division Cissen des 4. Armeekorps, das Regiment Nr. 9 und die Division Lafont de Villiers des 6. Armeekorps. Dann hatte man auf dem rechten Mosel-ufer 7½ Infanterie-Divisionen schon bereit; es war leicht, dieselben rechtzeitig zu versammeln und überraschend zum Angriff vorbrechen zu lassen. — Man konnte überdies schon am 26. August die Armee-Reserve-Artillerie und das Kavalleriekorps (seit dem 25. August aus den Kavallerie-Divisionen der Garde und de Forton gebildet) auf dem rechten Moselufer belassen, um dem Angriffe auch die nöthige Unter-stützung durch Artillerie- und Kavallerie-Massen zu sichern. Es konnte dann am 31. August früh das 3. Armeekorps gegen die Front Failly—Servigny, das 2. Armeekorps gegen Noisseville—Montoy-Coincy zum Angriff vorgehen; gleichzeitig konnten das Kavalleriekorps und die Kavallerie-Divisionen des 2. und 3. Armeekorps die große Lücke im deutschen Einschließungsheere, zwischen Noisseville und Courcelles, durchbrechen und flankirend über Retonfay gegen St. Barbe vordringen. Die Franzosen konnten unter diesen Voraussetzungen am frühen Morgen des 31. August folgende Streitkräfte zum überraschenden Angriff ver-wenden:

2. Armeekorps und
Brigade Lapassel 22 000 Gewehre, 2040 Säbel, 96 Geschütze und Mitrailleusen
3. Armeekorps . . 28 500 " 1760 " 120 " " "
Kavalleriekorps . . 3870 " 24 " " "
Reserve-Artillerie . 72 " " "

Zusammen: 50 500 Gewehre, 7670 Säbel, 312 Geschütze und Mitrailleusen.

Auf der ganzen Front des Angriffs hätten die Franzosen nur die 1. Infanterie-Division, die Korpsartillerie 1. Armeekorps, die Dragoner-Regimenter Nr. 1 und 10 und ein paar Kompagnien Regiments Nr. 45 als Gegner vorgefunden, zusammen etwa 11 500 Gewehre, 1080 Säbel, 60 Geschütze. Die Franzosen verfügten also über eine fast fünffache Ueberlegenheit; auch konnten den Deutschen in den ersten Stunden des Kampfes nur sehr geringe Verstärkungen zugeführt werden, nämlich im günstigsten Falle die 3. Infanterie-Brigade mit 5 Bataillonen, 12 Geschützen, die Hauptmasse der 3. Kavallerie-Division und ein paar Landwehrbataillone der Division v. Kummer. Bei der Tapferkeit der Franzosen und ihrer erdrückenden Uebermacht konnte Marschall Bazaine schon einen bedeutenden Sieg erfochten haben, ehe noch der Rest seiner Armee den Uebergang über die Mosel vollendet hatte. Das 6. Armeekorps stand den Brücken auf der Insel Chambière am nächsten, es mußte also vernünftigerweise auch zuerst die Mosel überschreiten, nicht wie Bazaine es anordnete, hinter dem 4. Armeekorps. Dann konnten im Laufe des Vormittags zuerst das 6. Armeekorps, dann die Garde links vom 3. Armeekorps in den Gang der Schlacht eingreifen. Für das 4. Armeekorps, welches seit dem 26. August auf der Linie Lorry—Plappeville—Scy lagerte, wäre der Weg durch Metz selbst nach der Chaussee Borny—Colombey der kürzeste gewesen. Der Marsch durch die Stadt hätte Schwierigkeiten geboten; bei zweckmäßigen Anordnungen konnte man aber diese Schwierigkeiten fast ganz beseitigen. Dann konnte das 4. Armeekorps alsbald den rechten Flügel unterstützen und sich gegen etwaige Verstärkungen wenden, welche die Deutschen von Courcelles her gegen die rechte Flanke des französischen Angriffs vielleicht in Marsch gesetzt haben würden. Auf diese Weise hätte der Rest der Armee (4 Infanterie-Divisionen der Garde und des 6. Armeekorps und die Kavallerie-Division des letzteren, sowie die Reserveartillerie beider Armeekorps) den Moselübergang in kurzer Zeit ausführen und rechtzeitig auf dem linken Flügel der Franzosen den Kampf eröffnen können.

Das Alles ist keineswegs nachträgliche Weisheit vom grünen Tische her, man wußte vielmehr dies genau ebenso gut in den Tagen vor dem 31. August in Metz selbst, als wir es heute wissen. Die Rheinarmee besaß viele sehr tüchtige Generalstabsoffiziere, welche voller Freudigkeit Alles gethan haben würden, was man nur verlangen konnte. Man hatte die doppelten, sehr ärgerlichen Erfahrungen vom Rückzuge über die Mosel am 14. August und vom zweimaligen Uferwechsel am

26. August eben erst gemacht. Alle dabei zu Tage getretenen Uebelstände zu vermeiden, konnte mithin nicht schwer fallen.

Wenn man trotzdem die Armee mit der größten Langsamkeit in Bewegung setzte und sie lediglich auf den Brücken der Insel Chambière die Mosel überschreiten ließ, so ist es klar, daß Bazaine eine Ueberraschung der Deutschen gar nicht wünschte. In der That sagt er selber, daß er die Hauptkräfte der Deutschen auf das rechte Moselufer locken und hierzu den Deutschen Zeit lassen wollte. Es ist daher auch anzunehmen, daß Bazaine gar nicht die Absicht gehabt hat, auf dem rechten Moselufer einen großen Sieg zu erfechten.

Beschreibung des Schlachtfeldes.

Nicht weniger als sechs große Straßen durchschneiden, von Metz kommend, das Schlachtfeld von Noisseville.

1. Die Straße Metz—Kedange. Sie ersteigt zunächst, vom Fort Bellecroix her, die steilen Hänge des Forts St. Julien, geht hart westlich an demselben vorbei, nachdem sie an den Südhängen des Berges die Straße nach Bouzonville abgezweigt hat, und führt dann in ziemlich gerader Linie von der Höhe des St. Julien herab über den Bach von Chieulles, um nördlich desselben die Höhen zwischen Malroy und Charly zu ersteigen und weiterhin Antilly zu erreichen.

Höhenverhältnisse an dieser Straße:
Moselthal südlich des Vallières-Baches . . . 539 Fuß.
Höhe südlich des Bois de Grimont. . . . 833 =
= bei Châtillon 745
= westlich von Chieulles 622
= südlich von Charly 603
Moselthal bei Malroy 552
Höhe nördlich von Charly 676

2. Die Straße Metz—Bouzonville; sie zweigt sich, wie erwähnt, an den südlichen Hängen des St. Julien von Straße Nr. 1 ab, führt dicht südlich an Villers l'Orme vorbei und bleibt dauernd auf der Höhe. Sie geht dann südlich an Failly und Brémy und nördlich an St. Barbe vorbei.

Höhenverhältnisse an dieser Straße:
Höhe östlich von Grimont Ferme . 828 Fuß.
= südlich von Villers l'Orme . 816
= zwischen Failly und Poire . 832

Höhe südlich von Prénu . . . 865 Fuß
Grund von Failly . . . . . 604 =
Weinberge nördlich von Failly . . 696 =
Dorf Neuilly . . . . . 630 =
Servigny (höchster Punkt) . . . 842 =

3. Die Straße nach Saarlouis. Sie geht bis Bellecroix gemein=
sam mit der Straße nach Saarbrücken, überschreitet den Grund von
Lauvallières, ersteigt dann die Höhen von Roisseville und führt weiter
nach Petit Marais.

Höhenverhältnisse an dieser Straße:
Gehöft von Bellecroix . . . . 731 Fuß.
Brauerei von Roisseville . . . . 769 =
Biegung der Straße südlich von Château Gras 880 =

4. Die Straße nach Saarbrücken. Sie zweigt bei Bellecroix von
Straße Nr. 3 ab, überschreitet südlich von Lauvallières bei La Planchette
den Grund des Vallières-Baches und führt dann über Petit Mouton
nach St. Aignan und weiter.

Höhenverhältnisse an dieser Straße:
  Höhe westlich von Petit—Mouton . 766 Fuß.
  = östlich = = = . 792 =
  = östlich von St. Aignan . . 842 =
  Dorf Mouton . . . . . . 660 =
  Maison isolée . . . . 860 =

5. Der Weg von Borny über Colomben—Ogy nach Colligny.
Höhenverhältnisse an diesem Wege:
  Dorf Borny . . . . 660 Fuß.
  Höhe westlich von Colomben . . 744 =
  = südlich von Coincy . . . 787 =
  = nördlich von Marsilly . . . 807 =

6. Die Straße Metz—Grigy—Ars-Laquenexy—Courcelles sur Nied.
  Dorf Grigy . . . 690 Fuß.
  La Grange aux Bois . . . . 720 =
  Höhe östlich von Ars-Laquenexy . 784 =
  = von Laquenexy . . . . . 813 =

Wir glauben uns auf ein Hervorheben der Höhenunterschiede und
der großen Straßenzüge beschränken zu sollen und verweisen im Uebrigen
auf den Schlachtplan bezw. auf die Beschreibung des Schlachtfeldes
im Generalstabswerk und im Heft 8 der „Kriegsgeschichtlichen Einzel=
schriften".

Besetzung der Vertheidigungsstellung der Deutschen.

Die Straße nach Kédange wurde durch die 3. Reserve-Division v. Kummer gesperrt. Von derselben befand sich das Bataillon Sprottau Landwehr-Regiments 18./46. nebst der 2. Schwadron der zweiten schweren Reserve-Reiter in Pont à Mousson; vor Diedenhofen standen Bataillon Ostrowo Landwehr-Regiments 58./59., das 3. Reserve-Husaren-Regiment und 3 Schwadronen der 2. schweren Reserve-Reiter. Die Division zählte mithin noch 6 Linien-, 10 Landwehr-Bataillone, 8 Schwadronen, 6 Batterien, 12 200 Gewehre, 1120 Säbel, 36 Geschütze.

Eine befestigte Stellung auf den Höhen zwischen Charly und Olgy spannte sich quer über die genannte Straße: drei Schanzen mit Schützengräben verbunden, bildeten hier eine starke Vertheidigungswehr. Weiter vorwärts waren Batterie-Einschnitte und Schützengräben vorgeschoben, deren vorderste Reihe das nördliche Ufer des Baches von Chieulles krönte. Malroy war gleichfalls durch vorliegende Schützengräben befestigt, auch war die dem Feinde zugekehrte Umfassung des Dorfes Rupigny in Vertheidigungsstand gesetzt worden.

Die 1. Infanterie-Division, verstärkt durch die Korpsartillerie 1. Armeekorps, hatte ihre Vertheidigungsstellung in der Linie Failly—Poixe—Servigny—Noisseville—Brauerei von Noisseville. In Bezug auf die Einzelheiten der preußischerseits vorgenommenen Befestigungen verweisen wir auf die vortreffliche Darstellung der Kämpfe um die genannten Orte am 31. August im Heft 8 der „Kriegsgeschichtlichen Einzelschriften", deren Werth durch drei Skizzen noch erhöht worden ist. Die Stellung der 1. Infanterie-Division hatte auf beiden Flügeln keinen direkten Anschluß an andere Truppen. Zwischen Charly und dem tief im Grunde gelegenen Failly war eine große Lücke von rund 2500 Schritt, welche nur durch schwache Vorposten beobachtet wurde. Der linke Flügel in der Brauerei von Noisseville stand völlig in der Luft; die nächste solide Befestigungsanlage befand sich bei Lauquexy, rund 7000 Schritt entfernt. Eine Umfassung beider Flanken war mithin den Franzosen sehr erleichtert; dazu kam noch der Nachtheil, daß die tiefen Gründe von Nouilly und von Failly mit ihren ausgedehnten Weinpflanzungen den Franzosen gedeckte Annäherung und die Möglichkeit eines Einschiebens zwischen Servigny und Noisseville gewährten, welche letzteren Orte auch noch wieder 1600 Schritt voneinander entfernt waren. Zur Besetzung der ganzen, sehr ausgedehnten Stellung verfügte die 1. Infanterie-Division über 10 250 Gewehre,

540 Säbel, 60 Geschütze. Diese geringe Truppenmacht sollte die beiden großen Straßen nach Bouzonville und nach Saarlouis sperren, berührte aber letztere Straße nur mit dem äußerst schwachen linken Flügel. Seitens der 1. Infanterie-Division mußte naturgemäß die sehr gefährdete Stellung von Reisseville als eine Art von „verlorenem Posten" betrachtet werden, denn es standen der Division keine Kräfte zur Verfügung, um die Besatzung von Reisseville ausreichend und rechtzeitig zu verstärken. Diese Thatsache muß hervorgehoben werden, sie hat auf den Gang des Kampfes sehr ungünstig eingewirkt.

Die Straße nach Saarbrücken wurde nur durch Kavallerie beobachtet, war aber im Uebrigen für den Gegner frei. Beinahe dasselbe gilt auch für den Weg Bornu—Colomben—Ogu, denn die in Colombey auf Vorposten stehende Kompagnie 1. 45. konnte hartnäckigen Widerstand doch nur auf kurze Zeit leisten.

Die Straße Metz—Grigy—Ars-Vagneneyn—Courcelles war durch eine starke Vertheidigungsstellung der 2. Infanterie-Division nördlich von Courcelles gesperrt. Diese Division verfügte über 9750 Gewehre, 540 Säbel, 24 Geschütze, hatte aber die Sicherung der Einschließung bis Frontigny zu übernehmen.

Dann folgte wieder eine große Lücke von etwa einer halben Meile; erst bei Pouilly sperrte die 28. Infanterie-Brigade die große Straße Metz—Reménu. Selbstredend mußte ein großer Theil dieser Brigade unter allen Umständen hier gefesselt bleiben, so daß eine frühzeitige Unterstützung von links her für das 1. Armeekorps nur in sehr geringem Umfange zu hoffen war.

Die von uns erwähnten Lücken wurden zwar durch zusammenhängende Vorposten der Deutschen beobachtet; diese Vorposten entbehrten aber jeden festen Haltes durch starke Unterstützungen und vorbereitete Vertheidigungsstellungen.

Die Aussichten auf einen erfolgreichen Kampf, ja bei geschickter Leitung auf einen großen Sieg waren daher für die Franzosen recht bedeutend.

Deutscherseits legte der Prinz Friedrich Karl bis zur Entscheidung über das Schicksal der Armee von Châlons das Hauptgewicht auf die Einschließung von Metz auf dem linken Moselufer; er begnügte sich damit, auf dem rechten Ufer dieses Stromes lediglich die wichtigsten Straßen zu sperren. Ernste Durchbruchsversuche der Franzosen sollten nur dann mit äußerster Anstrengung abgewehrt werden, falls sie in der Richtung auf Thionville oder auf Remilly stattfinden würden.

Ebenso hatte das 7. Armeekorps den Auftrag, einem Durchbruchsversuche der Franzosen in der Richtung auf Pont à Mousson, also moselaufwärts, in befestigter Stellung erusten Widerstand entgegenzustellen. Erfolgte eine große Offensive der Franzosen auf dem rechten Moselufer in einer anderen Richtung (also weder auf Thionville, noch auf Remilly), so sollten die deutschen Truppen dem Stoße ausweichen. Alles Uebrige erwartete Prinz Friedrich Karl von der bewährten Marschfertigkeit der deutschen Truppen, von ihrer Kampfestüchtigkeit und von der eigenen, den bisherigen Leistungen der französischen Generale weit überlegenen höheren Führung, an. deren Spitze der Prinz selbst ein leuchtendes Vorbild gab.

Anordnungen des Marschalls Bazaine für den 31. August.

Marschall Bazaine erließ am 30. August, Abends 8 Uhr folgen den Befehl:

Le 3ième corps laissera une division devant Metz. M. le maréchal Leboeuf la désignera, elle prendra position en avant du fort de Queuleu, près du village de Grigy, poussant ses compagnies de partisans vers Mercy, Ars-Laquenexy et même Aubigny, si on le peut. Elle fera également éclairer la route de Strasbourg.

Les 3 autres divisions du 3ième corps, sa cavalerie et son artillerie, s'établiront en arrière de Noisseville, la droite refusée sur la route de Sarrelouis, la gauche sur la hauteur entre Mey et Nouilly. Ces divisions commenceront leur mouvement de bonne heure, pour dégager rapidement le terrain et ne pas gêner le débouché des autres corps. Les bagages, ainsi que les services administratifs, se réuniront sur le terrain même des campements actuels, et attendront des ordres; ils ne feront aucun mouvement sur aucune route, afin de ne pas obstruer le passage des autres corps.

Le 4ième corps se placera en avant de la ferme de Grimont, à environ 1800 mètres et perpendiculairement à la route de St. Barbe, la droite un peu en avant du village de Mey, près de la cote 245, en se reliant au 3ième corps; la gauche à environ 1200 mètres en arrière du village de Villers l'Orme; la cavalerie en avant des lignes d'infanterie. Le 4ième corps partira de ses bivouacs en une ou plusieurs colonnes, de manière à arriver aux ponts de la Moselle à 6 heures du matin, au plus tard.

Il exécutera son passage sur les 3 ponts à la fois, et après avoir franchi la rivière, il prendra pour se rendre à sa position:
1. la route de St. Barbe par St. Julien,
2. la route du ravin par Vallières, Vantoux et Mey,
3. la traverse, qui du moulin de St. Julien monte au fort, mais par laquelle on ne fera passer aucune voiture. Tous les bagages devront aller se masser à Chambière, mais ils ne commenceront leur mouvement, que lorsque toutes les troupes de l'armée auront passé les ponts, ainsi que les bagages de l'état-major général.

Le 6ième corps s'établira en avant du bois de Grimont, en arrière de Villers l'Orme, sa droite à hauteur de la gauche du 4ième corps et refusant sa gauche jusqu'à la cote 216, à gauche de la route de Bouzonville; la cavalerie se placera en avant des lignes de l'infanterie.

Le 6ième corps commencera son mouvement, de manière à suivre, sans interruption, celui du 4ième corps, sur les 3 ponts de la Moselle.

Après le passage de la rivière, il se rendra à sa position:
1. par la route de Bouzonville,
2. par la traverse de St. Julien, par laquelle on ne fera passer aucune voiture.

Les bagages et services administratifs du 6ième corps devront aller se grouper à Chambière, mais ils ne commenceront leur mouvement, que lorsque les bagages du 4ième corps auront passé les ponts.

Les divisions de cavalerie des 2ième et 3ième corps se placeront sur le flanc droit de leur corps, éclairant bien tout vers la droite.

Les batteries de réserve et les compagnies du génie suivront leurs corps et prendront position derrière la seconde ligne de chacun d'eux.

La garde, la réserve d'artillerie de l'armée et le corps de réserve de cavalerie prendront position entre le fort St. Julien et le bois de Grimont, à cheval sur la route de Bouzonville, la gauche eu arrière de la ferme de Châtillon, la droite vers la gauche du 2ième corps. Les réserves de cavalerie et d'artillerie pourront se placer à la droite du fort St. Julien, en laissant la route complètement libre. La garde passera par les 3 ponts de Chambière, à la suite du 4ième corps; elle sera suivie par la réserve générale, puis par le corps de réserve de cavalerie. Pour se rendre à leur position, après le passage de la rivière, ils prendront les 2 routes indiquées plus haut pour le 6ième corps. Les bagages et les services administratifs de la garde et de la réserve générale d'artillerie se rendront à Chambière, mais seulement après que ceux du 6ième corps auront passé.

Le corps de réserve de cavalerie campé à Chambière prendra les dispositions nécessaires pour ne pas gêner la circulation sur les ponts des 2 bras de la Moselle.

Le grand quartier général de l'armée sera au village de St. Julien. Les services qui en dépendent et tous les bagages se rendront à Chambière, après que toutes les troupes auront passé. Ils iront se masser près des ponts du petit bras de la Moselle, en tête de tous les autres bagages, et y attendront des ordres.

Les officiers de l'état-major général se trouveront à l'entrée des ponts de la Moselle, pour indiquer aux têtes des colonnes les directions qu'elles ont à suivre, éviter l'encombrement des débouchés et y remédier promptement, s'il s'en produit. Chaque corps d'armée enverra à l'avance aux ponts, un officier d'état-major divisionnaire, pour y concourir au rapide écoulement des troupes.

Chaque corps d'armée se servira des 3 ponts, chacun de ces corps ne s'y engagera donc, que lorsque le corps précédant sera complètement écoulé.

Il est probable que la tête du 6ième corps pourra se présenter aux ponts vers 7 heures un quart, la garde vers 8 heures et demie, et la réserve générale d'artillerie vers 9 heures et quart.

Le corps de réserve de cavalerie ne pourra ainsi commencer son mouvement que vers 10 heures. Ces heures ne sont qu'approximatives. Chaque commandant de corps se fera rendre compte du degré d'avancement du mouvement du corps, qui le précède, et prendra ses mesures en conséquence.

Les bagages ne devront pas se presser d'approcher des ponts et auront le plus grand soin de ne pas en occuper les abords, ni les routes qui y conduisent. On interdira absolument tout mouvement quelconque en sens inverse de celui des colonnes. La gendarmerie s'y opposera énergiquement.

En quittant ses lignes, le 6ième corps laissera pour les garder un régiment d'infanterie et un régiment de cavalerie légère. Le 2ième corps agira de même et le 4ième corps ne laissera qu'un régiment d'infanterie seulement.

Les troupes gardant les lignes devront se faire voir et la cavalerie opérera de nombreuses reconnaissances, de manière à faire croire à l'ennemi que ces lignes sont toujours occupées. Les régiments laissés à la garde des lignes ne rejoindront leurs corps d'armée, que lorsqu'ils en recevront l'ordre.

Dès que les corps d'armée auront pris les positions indiquées, ils feront faire le café.

P. S. La division du 3ième corps, qui doit occuper les positions en avant de Queuleu, étant destinée à rentrer dans Metz, pour en compléter la garnison, M. le maréchal, commandant ce corps, voudra bien faire connaitre, le plutôt possible, au maréchal commandant en chef, celle qu'il aura désignée.

Les corps d'armée, dans leurs positions nouvelles, se placeront sur 2 lignes.

Les compagnies légères du train (cacolets et litières) marcheront avec les troupes.

Wir geben diesen Befehl in extenso, damit der Leser selbst sehen und selbst kritisiren üben kann. Ohne Zweifel hat der Befehl seine Schwächen, es würde aber sehr ungerecht sein, wenn man nicht auch eine sehr bedeutende Sorgfalt aus demselben herauslesen wollte. Keinesfalls bietet der Befehl eine Handhabe gegen den Marschall Bazaine; er spricht vielmehr für die ernste Absicht des Marschalls, den Durchbruch erzwingen zu wollen. Wenn wir trotzdem fest daran glauben, daß Bazaine keineswegs Metz verlassen wollte, so sind andere Gründe für uns maßgebend gewesen, welche der Leser unschwer erkennen wird.

Stärke der Rheinarmee am 31. August.

Auf Grund des Marschbefehls vom 30. August ließ Marschall Lebœuf die Division Castagny seines Armeekorps zurück. Das 4. Armeekorps beließ das Regiment Nr. 64 der Division Grenier; das 6. Armeekorps das Regiment Nr. 9, das Jäger-Bataillon Nr. 9 und das 10. Regiment Chasseurs à cheval; das 2. Armeekorps je ein Bataillon Regiments Nr. 77 (Division Bergé), Regiments Nr. 8 (Division Jauwart-Bastoul), Regiments Nr. 97 (Brigade Lapasset) und das 5. Regiment Chasseurs à cheval in den bisherigen Stellungen.

Von den Schwadronen, welche gewohnheitsgemäß den französischen kommandirenden Generalen zur besonderen Bedeckung dienten, nehmen wir im Folgenden Abstand und rechnen sie bei den betreffenden Regimentern mit.

Für das 6. Armeekorps war eine Reserve-Artillerie gebildet worden: dieselbe bestand aus den Mitrailleusen-Batterien der Divisionen Laveau coupet 2. und Castagny 3. Armeekorps und aus den beiden gezogenen 12Pfünder-Batterien der Armee-Reserve-Artillerie 9/13 und 10/13.

Die folgenden Zahlen sind naturgemäß nur Annäherungswerthe; es ist trotz der denkbar größten Mühe und Sorgfalt bis heute unmöglich, die Stärke der einzelnen französischen Regimenter wirklich richtig anzugeben. Bei der peinlichen Gewissenhaftigkeit, welche wir trotz aller ungünstigen Verhältnisse auf die Berechnung der Stärken und Verluste der Franzosen verwendet haben, dürften aber diese Annäherungswerthe der Wahrheit mindestens sehr nahe kommen.

		Gewehre.	Säbel.	Geschütze.	Mitrailleusen.
Gardekorps.	Grenadier-Division	3 800	—	12	6
	Voltigeurs-Division	6 000	—	12	6
	Divisions-Kavallerie	—	420	—	—
	Reserve-Artillerie	—	—	24	—
	Summe:	9 800	420	48	12
		Gewehre.	Säbel.	Geschütze.	Mitrailleusen.
2. Armeekorps.	Division Bergé .	5 050	—	12	6
	Division Jauwart-Bastoul . .	5 650	—	12	6
	Brigade Lapasset .	2 800	320	6	—
	Kavallerie-Division	—	1 240	—	—
	Reserve-Artillerie .	—	—	36	—
	Summe:	13 500	1 560	66	12

Anm. Die Schlacht von Noisseville.

		Gewehre.	Säbel.	Geschütze.	Mitrailleusen.
3. Armeekorps.	Division Montauban	7 400	—	12	6
	" Metman	7 000	—	12	6
	" Aymard	7 200	—	12	6
	Kavallerie-Division	—	1 760	—	—
	Reserve-Artillerie	—	—	48	—
	Summe:	21 600	1 760	84	18

		Gewehre.	Säbel.	Geschütze.	Mitrailleusen.
4. Armeekorps.	Division Cissey	5 450	—	12	6
	" Grenier	4 600	—	12	6
	" Lorencez	6 550	—	12	6
	Kavallerie-Division	—	1 700	—	—
	Reserve-Artillerie	—	—	36	—
	Summe:	16 600	1 700	72	18

		Gewehre.	Säbel.	Geschütze.	Mitrailleusen.
6. Armeekorps.	Division Tixier	6 300	—	18	—
	Division Lafont de Billiers	5 100	—	18	—
	Division Levaßor-Sorval	5 600	—	18	—
	Kavallerie-Division	—	1 390	12	—
	Reserve-Artillerie	—	—	12	12
	Summe:	17 000	1 390	78	12

			Säbel.	Geschütze.
Reserve-Kavalleriekorps.	Garde-Kavallerie-Division		2 230	12
	Kavallerie-Division de Forton		1 640	12
	Summe:		3 870	24

Armee-Reserve-Artillerie . . . . 72 Geschütze.

	Gewehre.	Säbel.	Geschütze.	Mitrailleusen.
Gardekorps	9 800	420	48	12
2. Armeekorps	13 500	1 560	66	12
3. "	21 600	1 760	84	18
4. "	16 600	1 700	72	18
6. "	17 000	1 390	78	12
Reserve-Kavalleriekorps	—	3 870	24	—
Armee-Reserve-Artillerie	—	—	72	—
Zusammen:	78 500	10 700	444	72

Hierzu würden noch hinzutreten:
1 Schwadron 5. Husaren beim Marschall Bazaine mit 70 Säbeln,
1 " 6. Chasseurs " " Canrobert " 90 "
Die Kavallerie würde daher 10 860 Säbel gezählt haben. Das Regiment Guiden war dem Gardekorps als Divisions-Kavallerie belassen worden; die Division Tixier hatte die ihr ursprünglich überwiesene

— 19 —

4. Batterie an die Division Levassor=Sorval abgegeben, welche außerdem die ihr zugetheilten reitenden Batterien 7/18, 8/18 der Armee Reserve-Artillerie behielt. Das Geschütz zu 20 Mann Streitbare berechnet, zählte die Rheinarmee mithin rund 99 600 Streitbare (99 680). Die in den Lagern zurückgebliebenen französischen Truppen zählten einschließlich der Division Castagny des 3. Armeekorps rund 11 650 Gewehre, 1000 Säbel, 12 Geschütze; dazu Division Lareaucoupet mit 7000 Gewehren, 12 Geschützen. Dies ergiebt 18 650 Gewehre, 1000 Säbel und 24 Geschütze = 20 130 oder rund 20 100 Streitbare, welche in Metz zurückblieben. Die gesammte Rheinarmee hatte demnach am 31. August noch eine Stärke von 97 150 Gewehren, 11 860 Säbeln, 468 Geschützen und 72 Mitrailleusen = rund 119 800 Streitbaren. Der Verpflegungsstand der Rheinarmee mag etwa 149 600 Köpfe betragen haben. Dazu treten viele Tausende von Verwundeten, eine bedeutende Anzahl von Kranken, die vier Bataillone „von Metz" (aus Reservisten gebildet, welche ihre Regimenter nicht mehr erreicht hatten), die ursprünglich in der Festung gebliebenen Besatzungs= und Depot= Truppen, die Mobilgarde und die Franktireurs. Die Zahl der am 31. August in Metz zu verpflegenden französischen Soldaten mag, ohne die Nationalgarde zu rechnen, 180 000 bis 185 000 Köpfe betragen haben.

Wir führen diese Zahlen absichtlich an, um auf den großen Unterschied zwischen dem Verpflegungsstand und der Stärke der wirklich fechtenden Truppen wieder einmal aufmerksam zu machen.

Stärke der Deutschen vor Metz am 31. August.

	Gewehre.	Säbel.	Geschütze.
1. Armeekorps	20 000	1 080	84
2. '	21 100	1 100	84
3. '	14 400	1 080	84
7. '	20 300	1 080	84
8. '	18 000	1 050	90
9. '	16 000	1 620	88
10. '	17 500	1 020	84
3. Reserve=Division	12 200	1 120	36
1. Kavallerie=Division	—	2 750	6
3. '	—	2 100	6
Summe:	139 500	14 000	646

Zwei Geschütze des 9. Armeecorps waren am 18. August von den Franzosen erobert worden.

Dies ergiebt rund: 166 400 Streitbare, welche indessen nicht bloß die Rheinarmee in Metz einzuschließen, sondern auch noch den Rücken des Einschließungsheeres überall zu sichern hatten.

II. Der 31. August.
Der Aufmarsch der Rheinarmee auf dem rechten Moselufer.

3. Armeecorps. Die Division Montaudon stand am 31. August um 8 Uhr früh gefechtsbereit bei der Ferme Bellecroix. Die Division Castagny stand zur selben Zeit zwischen Grigy und Haute-Bévoye bezw. zwischen Grigy und Borny. Die Division Metman versammelte sich schon von 6 Uhr früh ab zwischen Mey, der Mühle von Coupillon und dem Thale von Nouilly. Die Division Aymard sammelte sich vorwärts von Mey, sie hatte ihren rechten Flügel am Bois de Mey. Die Reserve-Artillerie des 3. Armeecorps befand sich rückwärts in der Nähe von Bellecroix, die Dragoner-Division Clérembault hinter der Division Montaudon. Um 8 Uhr früh war das Armeecorps im Wesentlichen versammelt.

2. Armeecorps. Division Jauvart-Bastoul stand nördlich der Chaussee nach Saarlouis und vorwärts des Weges Bellecroix-Vantoux. Hinter dieser Division und rückwärts des eben genannten Weges stand die Division Bergé. Die Reserve-Artillerie des Armeecorps marschirte dicht an der Ferme Bellecroix auf. Die Kavallerie-Division Valabrègue befand sich rechts von den Infanterie-Divisionen; die Brigade Lapasset auf dem rechten Flügel des Armeecorps, gegen Colombey vorgeschoben.

4. Armeecorps. Die Division Cissey marschirte links von der Division Aymard auf; die Division Grenier zu beiden Seiten der großen Straße nach Bouzonville, sie war schon etwa um 10 Uhr früh versammelt. Die Division Lorencez beendete ihren Aufmarsch hinter der Division Grenier erst gegen Mittag. Zur selben Zeit versammelte sich die Reserve-Artillerie des Korps; die Kavallerie-Division blieb auf den Abhängen des St. Julien stehen. Um die Mittagsstunde war also das Armeecorps zur Verwendung bereit.

6. **Armeekorps.** Die Division Tixier mußte sehr lange auf das 4. Armeekorps warten, welches den Moselübergang nicht um 7½ Uhr früh, wie erwartet wurde, sondern erst gegen 10½ Uhr früh beendet hatte; die Division stand jedoch trotzdem um 11¾ Uhr vorwärts des Bois de Grimont. Links von der Division Tixier marschirte die Division Lafont de Villiers auf: in Reserve verblieb die Division Levassor-Sorval. Die Kavallerie-Division stellte sich bei der Ferme Châtillon auf. Erst gegen 1 Uhr hatte das Armeekorps seinen Aufmarsch beendet.

Gardekorps. Die Voltigeurs-Division konnte erst gegen 2½ Uhr Nachmittags ihren Aufmarsch auf den Höhen von St. Julien beenden: die Grenadier-Division noch später. Erst um 4 Uhr stand das Gardekorps bereit zur Verwendung.

Die **Reserve-Artillerie** der Armee begann um 5 Uhr auf dem Glacis des Forts St. Julien sich zu versammeln.

Das **Reserve-Kavallerie-Korps** konnte erst um 5 Uhr 35 Minuten den Uebergang über den östlichen Moselarm beginnen: es kam natürlich erst sehr spät an Ort und Stelle. Der französische Generalstab hatte den Beginn des Moselübergangs für das Reserve-Kavallerie-Korps auf 10 Uhr früh berechnet, mithin sich um nicht weniger als 7½ Stunden verrechnet.

Die Franzosen behaupten, eine Division des 4. Armeekorps sei so spät an den Moselbrücken angekommen, daß schon bei diesem Armeekorps eine Verzögerung um mehr als 3 Stunden erfolgt sei. Jedenfalls kamen die Unregelmäßigkeiten, welche die Truppenführer sich zu Schulden kommen ließen, den Absichten des Marschalls Bazaine sehr zu Statten, da er ja den Deutschen Zeit zur Versammlung ihrer Hauptkräfte auf dem rechten Moselufer lassen wollte. Immerhin bewies die Rheinarmee auch diesmal nur wenig mehr Geschick im Ueberschreiten von Engwegen, als sie am 14. und 26. August gezeigt hatte, obschon man diesmal drei Moselbrücken zur Verfügung hatte und obgleich an jeder Brücke Generalstabsoffiziere sich befanden. Der Nutzen dieser drei Brücken ging nämlich größtentheils dadurch verloren, daß über den Vallières-Bach nur eine Brücke vorhanden war: es blieben also schließlich doch fast alle Truppen auf einen einzigen Engweg angewiesen, da die Straße Vallières—Pantour—Mey nur für einen Theil des 4. Armeekorps bestimmt worden war. Uebrigens lagen die drei Moselbrücken auf der Insel Chambière sehr nahe bei einander: nach V. D. Guerre de 1870 nahmen sie zusammen nur 200 m Breite ein. Am 26. August hatte man das 4. Armeekorps auf den Weg längs der Kehle des Forts Bellecroix verwiesen und dann auf die Chaussee nach Saarbrücken. Am 31. August mußten alle Korps, welche auf dem linken Moselufer gelagert hatten, bis auf einen Theil des 4. Armeekorps, hintereinander auf demselben Wege die Höhen von St. Julien erklimmen. Freilich hatten Generalstabsoffiziere auf diese Uebelstände am Abend vorher im großen Hauptquartier hingewiesen. Man hörte jedoch nicht auf sie. Es kamen übrigens auch andere Zwischenfälle vor. So bemerkte Marschall Leboeuf gegen 2 Uhr Nachmittags, daß die Reserve-Artillerie seines Armeekorps (des 3.) vergessen worden war; sie befand sich zwischen der Mosel, der Straße nach St. Julien und der Vallières-Schlucht eingeklemmt, wurde nun zwar vorgeholt, störte aber dadurch den weiteren Vormarsch der übrigen Truppen während einer halben Stunde.

Maßregeln der Deutschen.

Die Franzosen hatten ihrer Freude über den endlichen Beginn einer offensiven Thätigkeit schon am 30. August Abends Ausdruck gegeben. Ueberall herrschte in den französischen Lagern geräuschvolles Treiben, Militärmusik schallte bis zu den deutschen Vorposten herüber. Dies wiederholte sich am 31. August früh. Obschon zunächst noch der Nebel genaueren Einblick verhinderte, nahmen die deutschen Vorposten doch schon beim ersten Morgengrauen eine lebhafte Bewegung in den französischen Lagern wahr. Als dann der Nebel schwand, sah man beim Fort St. Julien französische Truppenmassen versammelt, während andere Massen vom linken Moselufer aus nachrückten.

Schon um 7 Uhr früh wurde die 1. Infanterie-Division alarmirt. Bald darauf ließ General v. Manteuffel alle ihm unterstehenden Truppen in die Gefechtsstellung einrücken. Als deutlich zu erkennen war, daß die Hauptmassen der Franzosen sich zwischen Bellecroix und St. Julien versammelten, befahl General v. Manteuffel um 8^1/$_4$ Uhr früh, daß die 2. Infanterie-Division eine Brigade und zwei Batterien an die Straße Metz—Saarbrücken heransenden solle. General v. Steinmetz ordnete infolge einer telegraphischen Meldung an, daß die 3. Kavallerie-Division unter Zurücklassung ihrer Vorposten zur Unterstützung des 1. Armeekorps abmarschiren solle.

Gegen 10 Uhr früh ging beim Prinzen Friedrich Karl ein unmittelbar an ihn gerichtetes Telegramm Manteuffels ein, welches die Lage der Dinge klar und scharf kennzeichnete. Der Prinz hatte übrigens schon früh Morgens über die Bewegungen der Franzosen durch die Berichte der Beobachtungsposten Kenntniß erhalten und bereits um 8½ Uhr früh die Versammlung der 25. Infanterie-Division bei Pierrevillers, der 18. Infanterie-Division und der Korpsartillerie des 9. Armeekorps bei Roncourt angeordnet, während die beim 10. Armeekorps in den eigenen Vertheidigungslinien entbehrlichen Truppen schon jetzt nach dem rechten Moselufer in Marsch gesetzt worden waren. Um 9½ Uhr befahl der Prinz die Bereitstellung des 2. Armeekorps zwischen Auboué und Briey, des 3. Armeekorps und der 1. Kavallerie-Division bei St. Privat. Um 10¼ Uhr früh begab sich der Prinz auf die Höhe des Horimont bei Fèves, um von dort persönlich die weitere Entwickelung der Dinge zu beobachten.

Gefechte am Morgen des 31. August.

Um 7½ Uhr früh wurde die Kompagnie 1./45. in Colomben lebhaft angegriffen. Je eine Schwadron der Dragoner Nr. 2 und 4 der Kavallerie-Division Clérembault waren abgesessen und begannen das Feuergefecht mit der ganz vereinzelten preußischen Kompagnie. Bald kamen erst 2, dann nochmals 2 und schließlich die letzten 2 Kompagnien des 18. Jägerbataillons der Division Montaudon den Dragonern zu Hülfe, später I. und III./62. Diesen überlegenen Kräften gegenüber vermochte sich die noch dazu durch Abgabe von Feldwachen zersplitterte preußische Kompagnie nicht zu behaupten, obschon ihr 6./45. zu Hülfe eilte. Beide Kompagnien mußten nach Aubigny ausweichen. Hier trafen 10. und 11./45. ein; die Franzosen folgten nicht über den Grund von Colomben hinaus, und das Gefecht wurde um 11½ Uhr abgebrochen. Nach dem Abmarsch des 18. Jäger-Bataillons und des Regiments Nr. 62 zur Division Montaudon besetzte die Brigade Lapasset den Ort Colomben.

Etwa um 9 Uhr früh wurde die Kompagnie 5./45. in der Gegend von La Grange aux Bois durch die Partisan-Kompagnie der 1. Brigade der Division Castagny und einige Kompagnien des Regiments Nr. 41 derselben Division angegriffen. (Jede Infanterie-Brigade der Rheinarmee hatte eine Kompagnie aus besonders gewandten Mannschaften gebildet, welche für besondere Unternehmungen bestimmt war; die Garde allein formirte keine Partisan-Kompagnien, dagegen wurde beim 6. Armeekorps von jedem Regiment eine solche Kompagnie zusammengestellt.) Um diese Zeit war Colomben bereits im Besitze der Franzosen, also die rechte Flanke von 5./45. bedroht; diese Kompagnie ging daher auf Ars Laquenexy zurück. Um 11½ Uhr brachen die Franzosen auch hier das Gefecht ab.

Die Stellung von Aubigny wurde nunmehr durch I./45., 6./45. und F./45. gesichert; in Ars Laquenexy stand 5./45.; bei Mercy le Haut befanden sich 7. 8./45.

Auf allen übrigen Theilen des Schlachtfeldes kam es am Vormittage des 31. August nur zu leichten Berührungen mit den Franzosen. Gegen die Besatzung von Failly, das Bataillon F./1., begann schon früh nach 8 Uhr französisches Geschützfeuer, welches aber später schwieg. Seitens der 3. Reserve-Division fanden drei Batterien Gelegenheit, kurze Zeit gegen die Franzosen zu feuern. In der Mittagsstunde trat aber überall eine vollkommene Gefechtspause ein.

Die Franzosen begannen abzukochen, große Rauchwolken erhoben sich sehr bald und bezeichneten die Stellungen der Truppen. Es wurde klar, daß vorläufig eine ernste Unternehmung nicht zu besorgen war. Auch deutscherseits begannen daher die Truppen abzukochen, ohne daß jedoch die Gefechtsbereitschaft dadurch aufgehoben wurde. Gewiß eine einzig dastehende Schlacht, in welcher beide Gegner zunächst abkochen, um dann auf Tod und Leben miteinander zu ringen.

Deutscherseits waren inzwischen die befohlenen Maßregeln zur Ausführung gelangt. Die 3. Infanterie-Brigade, ohne F./4., welches in Frontigny zurückblieb, war nebst den beiden schweren Batterien der 2. Infanterie-Division schon um 11½ Uhr früh in Puche eingetroffen; von hier ging die Brigade mit dem Dragoner-Regiment Nr. 1 bis westlich von Retonfay vor; hier stand sie bereit, in den Kampf um Noisseville einzugreifen.

Die 3. Kavallerie-Division ließ zwei Schwadronen auf Vorposten zurück und stand mit 14 Schwadronen und der reitenden Batterie bald nach Mittag bei Puche.

Die 28. Infanterie-Brigade beließ sieben Kompagnien auf Vorposten nördlich von Pouilly und stand mit 17 Kompagnien, 1 Schwadron, 1 Batterie bei Courcelles gemeinsam mit dem Rest der 2. Infanterie-Division.

Infolge der auf dem Schlachtfelde überall eingetretenen Ruhe wurden die bereits auf das rechte Moselufer übergegangenen Theile des 10. Armeekorps wieder auf das linke Moselufer zurückgenommen; ebenso marschirten das 2. Armeekorps und die 1. Kavallerie-Division in ihre früheren Anstellungen zurück. Dagegen verblieb das 3. Armeekorps bei St. Privat, während die 18. Infanterie-Division und die Korps-Artillerie 9. Armeekorps bei Roncourt abkochten, die 25. Infanterie-Division bei Antilly belassen wurde, wohin sie auf Befehl des Prinzen Friedrich Karl (datirt von 11 Uhr 53 Minuten) abmarschirt war.

Diese Maßregeln wurden getroffen, um die Truppen möglichst zu schonen. Prinz Friedrich Karl war der Meinung, daß ein ernster Angriff der Franzosen zwar am nächsten Morgen, nicht aber mehr am 31. August selbst zu gewärtigen sei. Da am 31. August die Sonne um 6 Uhr 50 Minuten untergeht und bis 4 Uhr Alles ruhig blieb, war es gewiß richtig, daß der Prinz für die noch verbleibenden drei Stunden Tageshelle einen ernsten Angriff der Franzosen nicht mehr erwartete. Allerdings dauerte der Uebergang der französischen Massen über die Mosel ohne Unterbrechung fort. Es bestand also bei der kolossalen Uebermacht der Franzosen offenbar eine ernste Gefahr für die Truppen des Generals v. Manteuffel. Man kann vielleicht sagen, es wäre zweckmäßig gewesen, wenigstens die bereits auf dem rechten Moselufer angekommenen Theile des 10. Armeekorps dort zu belassen. Der Befehl des Prinzen an dieses Korps lautete übrigens auch: Das Korps solle in seine Stellungen zurückkehren, wenn im Laufe des Nachmittags nichts vorfiele.

Schließlich darf man nicht vergessen, daß der Prinz beabsichtigte, im Falle des Gelingens des französischen Durchbruchsversuchs sich der Rheinarmee vor Thionville vorzulegen. Dies war aber nur möglich, wenn die Hauptkräfte der Deutschen auf dem linken Moselufer verblieben.

Maßregeln der Franzosen.

Marschall Bazaine kam erst mit den Spitzen des 6. Armeekorps auf dem Schlachtfelde an. Um 1 Uhr Mittags wurden die Korpskommandeure bei dem Schlosse Grimont versammelt. Bazaine theilte ihnen den Inhalt der Depeschen mit, welche er am 29. August aus Thionville und am 30. August aus Verdun erhalten hatte; dann sprach er seine Absicht aus, das deutsche Einschließungsheer auf dem rechten Moselufer zu durchbrechen und nach Thionville zu marschiren, um der nahenden Entsatzarmee die Hand zu reichen. Folgender Befehl wurde ausgegeben:

„Le 3ième corps cherchera à aborder la position de St. Barbe par sa gauche (château de Cheuby) et prendra position à la cote 317, du bois de Cheuby et à Avancy, cote 270.

Le 4ième corps abordera la position de St. Barbe par sa droite: Villers l'Orme, Failly, Vrémy, et fera son possible pour aller prendre position à Saury les Vigy (cotes 241 et 243).

Le 6ième corps abordera les positions au-delà de Chieulles. Charly et Malroy, et se portera jusqu'à Antilly où il prendra position (cote 193), appuyant sa gauche à Argancy (cote 186).

Le 2ième corps suivra la marche du 3ième, en veillant sur la droite et est placé sous les ordres du maréchal Leboeuf.

La garde en réserve.

Des guides fournis par le personnel des eaux et forêts et des douanes sont donnés à chaque corps."

Hierauf durchritt Bazaine die Stellungen des 4. Armeekorps und wagte sich dabei über die Schützenlinien hinaus. Etwa 750 m von Villers l'Orme ließ er nördlich der Straße nach Bouzonville eine Batteriedeckung für sechs gezogene 12Pfünder 4. Armeekorps ausheben; ebenso vorwärts des Schlosses von Grimont eine gleiche Deckung für drei gezogene 24Pfünder, welche man aus dem nahen Fort St. Julien herbeiholte. Bei Bellecroix wurde gleichfalls eine Batteriedeckung für sechs gezogene 12Pfünder 3. Armeekorps ausgehoben, welche Noisseville beschießen sollten. Darüber vergingen mehrere Stunden.

Beginn der Schlacht. Artilleriekampf.

Um 4 Uhr 10 Minuten Nachmittags eröffneten die drei gezogenen 24Pfünder vorwärts von Grimont ihr Feuer, ebenso die Artillerie des 3. und 4. Armeekorps und des Forts St. Julien. Ueber die Theilnahme der Artillerie 3. Armeekorps fehlen bis jetzt nähere Angaben: sie feuerte jedenfalls hauptsächlich gegen Noisseville, die Brauerei und in der Richtung auf Retonfay; es ist aber nicht ausgeschlossen, daß die Artillerie der Divisionen Metman und Aymard ganz oder wenigstens theilweise ihr Feuer auch gegen Servigny gerichtet hat.

Vom 4. Armeekorps feuerten die beiden 12Pfünder-Batterien der Reserveartillerie, 2 Batterien der Division Cissey und 3 Batterien der Division Grenier, also von 15 verfügbaren Batterien nur 7. Ferner feuerten 2 gezogene 12Pfünder-Batterien der Armee-Reserve-Artillerie, die 3 gezogenen 24Pfünder vorwärts von Grimont und 1 gezogene 12Pfünder-Batterie des 6. Armeekorps, also abgesehen von der Artillerie 3. Armeekorps und von der schweren Artillerie des Forts

St. Julien 10½ Batterien = 63 Geschütze. Später traten auch noch andere Batterien ins Feuer, wie wir sehen werden.

Preußischerseits waren die vier Batterien der 1. Infanterie-Division und die sechs Batterien der Korpsartillerie 1. Armeekorps, angesichts der Entwickelung der französischen Massen, bereits am Vormittage in Bereitschaftsstellungen hinter Servigny, bezw. südlich von Prémy vorgezogen worden. Als nun das Artilleriefeuer der Franzosen begann, eilten alle zehn Batterien sofort nach vorwärts, und zwar gingen sie noch 800 bis 1000 Schritt über die Vertheidigungslinie der Infanterie hinaus. Von dieser weit vorgeschobenen Stellung aus eröffneten die preußischen Batterien ihr Feuer, nämlich acht Batterien auf die französische Artillerie, während die beiden Batterien des linken Flügels ihr Feuer auf französische Infanterie richteten, welche im Grunde des Vallières-Baches auf Noailly und Noisseville vorging (Division Metman). Außerdem fuhren zwei Batterien der 3. Reserve-Division auf der Höhe bei Rupigny auf und faßten von dort aus die französische Artillerie sehr empfindlich in der Flanke.

Das Feuer der preußischen Artillerie war überaus wirksam. Die drei gezogenen 24 Pfünder, welche vorwärts von Grimont in Deckungen standen, wurden in wenigen Minuten zum Schweigen gebracht, nachdem angeblich ihre gesammte Bedienungsmannschaft außer Gefecht gesetzt worden war. Ebenso wurden die gezogenen 12 Pfünder-Batterien des 4. Armeekorps übel zugerichtet, sie verloren allein 1 Offizier, 31 Mann und 49 Pferde. Sehr bald stellte sich ein glänzender Erfolg der preußischen Artillerie heraus; die französischen Batterien, obschon an Zahl und vielfach auch an Kaliber überlegen (es befanden sich gegen die große preußische Artillerielinie allein 30 gezogene 12 Pfünder, 3 gezogene 24 Pfünder und die schwere Artillerie des Forts St. Julien im Kampfe), konnten gegen das wohlgezielte Feuer der preußischen Artillerie nicht aufkommen; sie wurden so gut wie vollständig niedergekämpft, nur dem Fort St. Julien konnte man natürlich nicht beikommen. Die preußische Artillerie konnte nunmehr ihre Granaten auf die Infanteriemassen des Gegners richten. Besonders wirksam hatte sich das Feuer der beiden Batterien der 3. Reserve-Division von der Höhe von Rupigny her erwiesen.

Es erscheint wunderbar, daß die Franzosen gegen die Front Rupigny—Failly—Servigny nicht mehr Artillerie in Thätigkeit gesetzt haben, da sie ja über sehr große Artilleriemassen verfügten. Vielleicht haben in Wirklichkeit noch mehr Batterien gefeuert, als sich aus Dick de Lonlay erjehen läßt; besonders beim 3. und 6. Armeekorps ist eine derartige Annahme keineswegs ausgeschlossen. Der Raum hätte ganz bestimmt die Entwickelung einer großen französischen Artilleriemasse gestattet.

Zur Deckung des sehr gefährdeten linken Flügels der preußischen Artillerielinie gingen um 4½ Uhr 1. 4. 3. in der Ballières-Schlucht zwischen Servigny und Noisseville vor, 1./3. am nördlichen Abhange, 4./3. in der Schlucht selbst. Außerdem wurden 9. 12./41. in den Grund vorgeschoben, in welchem von vornherein 6./1. gestanden hatte. Diese Abtheilungen fanden noch Unterstützung durch einen Zug von 7./1., welcher von Servigny aus als Feldwache gegen Noisy vorgeschoben worden war, vor dem überlegenen Drucke der französischen Schützenschwärme aber hatte zurückgehen müssen. Außerdem stand von der Besatzung Noissevilles ein Zug von 2./1. auf dem südlichen Schluchtrande längs des Weges Noisseville—Servigny.

Es hatten sich nämlich gleichzeitig mit dem Beginne des Artilleriekampfes die Truppen der Divisionen Montaudon und Metman 3. Armeekorps entwickelt: die Division Montaudon schritt zum Angriff gegen die Linie Noisseville—Montoy; die Division Fauvart-Bastoul 2. Armeekorps folgte als Staffel rechts rückwärts; die Division Metman ging auf Noisy vor. Marschall Leboeuf befahl der Brigade Arnaudeau der Division Metman (Regimenter Nr. 59, 71), Noisy zu nehmen. Dieses Dorf war preußischerseits gar nicht besetzt: es gelang also der französischen Brigade leicht, weitere Fortschritte auf den mit Weinpflanzungen dicht besetzten Hängen der Ballières-Schlucht gegen Servigny und gegen Noisseville hin zu machen. Dick de Lonlay spricht von einem Gemetzel, durch welches mehrere Kompagnien des 3. preußischen Regiments in Noisy vernichtet worden wären. Dies ist wieder einmal eine Erfindung seiner erhitzten Phantasie; wenn in Noisy überhaupt Preußen waren, so können dies nur ganz schwache Patrouillen gewesen sein. Keinesfalls hat aber in Noisy ein nennenswerther Kampf stattgefunden.

Die Franzosen konnten nach der Besitznahme Noisys die preußischen Batterien aufs Aeußerste belästigen. Der Plan zeigt, daß von Noisy aus drei Schluchten sich ausdehnen; eine in nördlicher Richtung, von wo aus der linke Flügel der preußischen Artillerielinie frontal angegriffen werden konnte; eine zweite, kleine Schlucht, welche in genau östlicher Richtung sich auf Noisseville hinzog; endlich die große Ballières-Schlucht zwischen Noisseville und Servigny, von deren nördlichem Abhange der linke Flügel der preußischen Artillerielinie der Länge nach bestrichen werden konnte. Es begann nun eine schwere Zeit für die preußische Artillerie. Wir wollen aber diese Kämpfe erst später betrachten und, vom rechten Flügel der Franzosen anfangend, den Kampf jeder Gefechts= gruppe für sich besonders schildern.

Kampf der Kavallerie=Division Clérembault und der Brigade Lapasset.

Gleichzeitig mit dem Vorgehen der Divisionen Montaudon und Metman begann auch die Dragoner=Division Clérembault ihren Vor= marsch. Sie sollte auf Coincy vorrücken, irrte sich aber in der Richtung und gerieth in die für Kavallerie sehr wenig gangbare Schlucht des südlichen Armes des Balliöres=Baches, aus welcher sie die jenseitigen Höhen nicht zu erklimmen vermochte. Bei dieser Gelegenheit wurde sie von preußischer Artillerie sehr lebhaft beschossen, wahrscheinlich von der reitenden Batterie der 3. Kavallerie=Division. Die 5. Dragoner ver= loren in kurzer Zeit 3 Mann, 21 Pferde; die 2. Dragoner 3 Offiziere, 3 Mann, 7 Pferde; die 8. Dragoner 7 Mann, 10 Pferde. Endlich ritt die Division Clérembault wieder in den Grund hinunter und ent= wickelte sich vor Coincy.

Während dieser Zeit unternahm die preußische Besatzung von Schloß Aubigny einen Angriff gegen Colombey, mit 6. und 10./45., unterstützt von 1. und 11./45., welcher jedoch von der Brigade Lapasset abgeschlagen wurde. Diese französische Brigade nahm nunmehr Aubigny unter Artilleriefeuer und ging darauf ihrerseits zum Angriff vor. Die preu= ßischen Kompagnien Regiments Nr. 45 wichen vor diesem Andrängen der Franzosen zurück, gaben Aubigny auf, wiesen aber den Angriffsversuch eines von Coincy auf Marsilly vorgehenden französischen Bataillons durch wirksames Schnellfeuer ab. Dieses Zurückweichen der bei Aubigny versammelten neun Kompagnien Regiments Nr. 45 war wesentlich durch das Eingreifen der Dragoner=Division Clérembault beeinflußt worden.

Die 45er hatten nämlich ihren rechten Flügel bis in die Gegend von Coincy ausgedehnt. Vor diesem Dorfe war zunächst die 1. Schwadron Dragoner Nr. 4 abgesessen, dann die 4. Schwadron desselben Regiments, schließlich auch noch die 1. Schwadron Dragoner Nr. 5. Ein sehr leb= haftes Feuergefecht entspann sich, in welchem die französischen Dragoner, dauernd platt auf der Erde liegend, nur 7 Mann todt und verwundet verloren. Bald kamen den Dragonern drei Kompagnien 18. Jäger Bataillons der Division Montaudon zu Hülfe, ebenso ein Bataillon

Regiments Nr. 84 der Brigade Lapasset. Vor diesen Kräften wich der rechte Flügel der 45er zurück; Coincy wurde von I./84. besetzt und die bei Aubigny versammelten preußischen Kompagnien, nunmehr in ihrer rechten Flanke ernsthaft bedroht, zogen gleichfalls ab. Etwa um 7 Uhr Abends verstummte hier das Gefecht.

Es wäre vielleicht möglich gewesen, eine weitere Brigade des 7. preußischen Armeekorps nach Courcelles heranzuziehen und dadurch einen thatkräftigen Widerstand auf der Linie Aubigny — Coincy zu ermöglichen. Heute wissen wir, daß das sehr gut ermöglicht werden konnte. Am Schlachttage aber konnte man das nicht wissen. Wir haben hier wieder einmal einen jener zahlreichen Fälle, in welchen ein leichtfertiger Kritiker Alarm schlägt, weil nicht die Maßregeln ergriffen wurden, die man heute, 22 Jahre später, als richtig bezeichnen dürfte. Wir benutzen daher gern diese Gelegenheit, um die Handlungsweise der betreffenden höheren Führer zu rechtfertigen. Bei Grigy und vorwärts davon bis La Grange aux Dames stand die ganze Infanterie-Division Castagny. Wir wissen heute, daß sie nicht energisch angreifen sollte; am Schlachttage konnte man aber beim besten Willen eine derartige Unthätigkeit einer ganzen Division nicht voraussetzen. Es wäre also ein Verlegen der Hauptkräfte der 2. Infanterie-Division von Laqueuexy bezw. Courcelles nach Aubigny äußerst leichtsinnig gewesen. Außerdem verliefen die Gefechte bei Montoy und Noisseville, weiter nördlich, unglücklich für die Deutschen; es würde also von dort her die rechte Flanke der Stellung Coincy—Aubigny bedroht gewesen sein. Andererseits konnte man nicht eher von Aubigny zurückgehen, als bis die Gefechtslage dazu zwang; sonst würde man die linke Flanke der 1. Infanterie-Division freiwillig entblößt haben.

In Wirklichkeit haben die bei Laqueuexy und Courcelles versammelten, ziemlich bedeutenden Streitkräfte auf den Gang der Schlacht nicht den leisesten Einfluß ausgeübt. Daraus aber der Führung dieser Truppentheile einen Vorwurf machen zu wollen, würde falsch sein. Hier konnte nur der General v. Steinmetz eingreifen, und zwar auch nur durch Ueberweisung stärkerer Kräfte, welche die bei Courcelles versammelten Truppen frei gemacht hätten. Dies geschah nicht. Es war daher durchaus richtig, daß die 2. Infanterie-Division ihre Hauptaufgabe, Courcelles zu decken, in erster Linie festhielt. Stärke beider Gegner in diesem Gefechte:

Preußen: 9 Kompagnien Regiments Nr. 45, ohne jede Kavallerie und Artillerie: zusammen 1950 Gewehre.

Franzosen: Brigade Lapasset und Jäger-Bataillon Nr. 18 der Division Montaudon, Dragoner-Division Clérembault = 3600 Gewehre, 1760 Säbel, 6 Geschütze.

Kampf bei Montoy und Flanville.

Bekanntlich ging die 3. Infanterie-Brigade etwa um 5 Uhr Nachmittags aus ihrer Bereitschaftsstellung bei Retonfay vor, um die der 1. Infanterie-Division drohende Umfassung zu verhindern. Die Brigade hatte nur fünf Bataillone zur Stelle; sie entsendete die Kompagnie 10./44. nach Flanville, welche ihrerseits wiederum einen Zug zur Besetzung des nördlich von Flanville im Grunde des Montoy-Baches gelegenen Busches abschickte. 2./4. wurde zur Verstärkung der Besatzung der Brauerei dorthin vorgeschoben, so daß nur 18 Kompagnien verwendbar blieben.

Französischerseits hatte man die Versammlung größerer preußischer Kräfte bei Retonfay sehr wohl bemerkt; infolge dessen wurde die 1. Brigade der Division Montaudon (18. Jäger-Bataillon, Regimenter Nr. 51 und 62) auf Montoy vorgeschoben. Wir haben bereits gesehen, wie Theile des 18. Jäger-Bataillons den abgesessenen Dragonern der Division Clérembault bei Coincy zu Hülfe kamen. Regiment Nr. 51 blieb vorläufig in Reserve bei La Planchette, das 18. Jäger-Bataillon ging südlich von Montoy vor, Regiment Nr. 62 wandte sich geradeaus auf letzteres Dorf.

Preußischerseits theilte sich die 3. Infanterie-Brigade bei ihrem Vormarsche, indem Regiment Nr. 44 die Richtung auf Montoy nahm, während die sieben Kompagnien Regiments Nr. 4 sich gegen Noisseville und gegen die Brauerei wendeten.

Von der Höhe nördlich von Montoy sah man ganz deutlich feindliche Abtheilungen in den Baumgruppen westlich dieses Dorfes. Auch war eine Mitrailleusen-Batterie südlich des Parkes von Montoy aufgefahren.

Regiment Nr. 44 ging in drei Treffen vor: im ersten Treffen 9., 11., 12./44., im zweiten 1., 2., 3./44., im dritten 11./44. 4./44. war soeben nach Flanville gesandt worden, so daß also nur zehn Kompagnien verfügbar blieben, welche sich jedoch auf sechs Kompagnien verringerten, da General v. Memerty das Bataillon II./44. zu seiner ausschließlichen Verfügung behielt. Etwa 800 m vor Montoy wurde ein kurzer Halt gemacht. Oberst v. Böcking glaubte, selbst mit den ihm noch verbliebenen sechs Kompagnien seines Regiments durch einen schnellen Vorstoß das Dorf Montoy nehmen, auch sogar die Mitrailleusen=Batterie erobern zu können.

Folgende Angriffsmaßregeln wurden getroffen. Rechts ging 9./44. auf der Höhe vor, um Verbindung mit Regiment Nr. 4 zu halten. Links von dieser Kompagnie blieben 11., 12./44. im Vorgehen. Aus dem zweiten Treffen wurde 3./44. vorgenommen, um längs des Grundes vorzurücken. Der von Flanville aus in das nördlich davon gelegene Gebüsch abgezweigte Zug von 10./44. schloß sich dem Angriffe aus eigenem Antriebe an. Die Kompagnien 12., 3. und ½ 10./44. gingen sprungweise vor; 11./44. folgte zuerst geschlossen, schwärmte aber bald ganz aus. 1., 2./44. sollten etwa 800 m nordöstlich von Montoy als Reserve verbleiben.

½ 10., 12. und der größere Theil von 11./44. ließen Montoy rechts liegen und wandten sich gegen die südlich des Dorfes liegende Schlucht. Der Rest von 11./44. und 1½ Züge von 3./44. gingen durch den Dorfeingang von Flanville her vor; der Rest von 3./44. nahm seinen Weg auf der großen Dorfstraße direkt auf den Park von Montoy. Von 9./44. blieb ein Zug auf der Höhe, die beiden anderen Züge folgten der Kompagnie 3./44.

Französischerseits war zu dieser Zeit Regiment Nr. 62 im Begriff, auf Flanville vorzugehen und eben bei Montoy angekommen. Völlig überraschend erschienen die 44er in seiner linken Flanke. Einen Augen=blick stutzte Alles; dann aber warf Oberst Dauphin sein Regiment zum Angriff vor. Der größere Theil des Regiments scheint hierbei östlich um Montoy herumgegangen zu sein.

Die südlich von Montoy vorgehenden preußischen Abtheilungen wollten eben den Westabhang der südlich von Montoy gelegenen Schlucht ersteigen, als sie plötzlich auf kürzeste Entfernung das Schnell=feuer einer dichten französischen Schützenlinie erhielten, dem unmittelbar der Gegenangriff geschlossener Kolonnen folgte. Zugleich wurde die linke Flanke der Preußen von Süden her angegriffen, und andere feindliche Kolonnen gingen vom Park aus durch den Westeingang des Dorfes vor.

Im Nu wurden die preußischen Schützenschwärme geworfen und völlig durcheinander gewirbelt. Das feindliche Feuer wirkte bei der großen Nähe vernichtend, und sofort trat ein gänzlicher Umschlag in der Gefechtslage ein. Vergeblich suchten die Preußen in der östlichen Umfassung des Dorfes Montoy festen Fuß zu fassen, sie erhielten

Längsfeuer und Alles mußte schleunigst zurück. 58 Preußen, welche hinter einer, angeblich mit Schießscharten versehenen, Mauer lagen, wurden dadurch zur Waffenstreckung gezwungen, daß ein Einwohner von Montoy den Franzosen eine Thür öffnete, durch welche diese Abtheilung umgangen werden konnte. Am schlimmsten hatte es 3./44. mitten im Dorfe, sie verlor denn auch bei Weitem am meisten.

Die Verluste der Preußen waren groß. Die vier Kompagnien 3. 9. 11. 12./44. zählten zusammen 18 Offiziere, 840 Gewehre; sie verloren 7 Offiziere, 408 Mann, davon 1 Offizier, 82 Mann unverwundet gefangen.

Am wenigsten litt 9./44.; die drei Kompagnien, 3. 11. 12./44., aber verloren zusammen 55,5 pCt. ihres Gefechtsstandes; 3./44. sogar 67 pCt.

Wie bekannt waren 4. und 10./44. nach Flanville entsendet. Ein Zug von 10./44. hatte das Gefecht bei Montoy mitgemacht, übrigens verhältnißmäßig wenig dabei gelitten. Die übrigen fünf Züge waren eben im Begriff, dem Befehle, auf Montoy vorzugehen, Folge zu leisten, als man die Katastrophe bei letzterem Dorfe deutlich kommen sah. Sofort eilten alle 5 Züge nach Flanville zurück und besetzten das Dorf aufs Neue; besonders stark einen südlich des Weges Montoy—Flanville gelegenen, viereckigen, solide ummauerten Weingarten und eine Mauer, welche nördlich des eben genannten Weges ein Kartoffelfeld einschloß. Von hier aus wurde das Gelände gegen Montoy hin völlig beherrscht. Man hatte eben die Mauern besetzt, als bei Montoy wirklich die Katastrophe eintrat, deren drohendes Herannahen man ja selbst deutlich gesehen hatte.

Die Franzosen schienen zunächst sich um Flanville gar nicht zu bekümmern; ihre rechten Flügelkolonnen gingen aus der Mulde südlich von Montoy umfassend gegen die 44er vor und boten dabei der Besatzung von Flanville ihre rechte Flanke dar, und zwar auf eine Entfernung von nur etwa 250 m. Plötzlich schlug in diese französischen Massen ein verheerendes Schnellfeuer von Flanville her ein. Die Franzosen wurden zwar vollständig überrascht, faßten sich jedoch schnell, schwenkten zum Theil rechts ein und drangen bis auf 120 m an den Weingarten heran. Hier aber wurde das Feuer der Preußen so wirkungsvoll, daß die Franzosen nach Montoy bezw. nach dem Grunde von Montoy zurückwichen. Dieses sehr rechtzeitige Eingreifen der Besatzung von Flanville verhinderte ein völliges Umwickeln der bei Montoy kämpfenden preußischen Kompagnien, welche ohne dasselbe vielleicht ganz vernichtet worden wären.

Die Franzosen ließen nun von der Verfolgung der Trümmer der bei Montoy geworfenen preußischen Kompagnien ab, da sie auch von der Höhe nördlich des Baches Feuer erhielten. Hier war 2./44. zur Deckung des Rückzuges ausgeschwärmt und begann ein sehr wirksames Schützenfeuer; ebenso schwenkten 3. 4./4. auf der Höhe nördlich von Montoy links und entwickelten sich rechts von 2. 4. zum Feuergefecht. Um 6½ Uhr kam durch das Eingreifen dieser frischen Kompagnien das Gefecht hier zum Stehen.

Wir wollen gleich hier die weitere Verwendung der Trümmer der Gefechtsgruppe von Montoy klarstellen. Die Reste von 3./44. wurden an 2./44. abgegeben, welche nun vier Züge stark war. Eine kombinirte Füsilier-Kompagnie bestand gleichfalls aus vier Zügen, je einem Zuge aller vier Füsilier-Kompagnien; endlich traten 150 Füsiliere zu einer zweiten kombinirten Füsilier-Kompagnie zusammen, deren Kern ein Zug von 9./44. bildete.

Man sieht hier die unheimlichen Folgen eines unglücklichen Gefechtes. Die drei Kompagnien, 3. 11. 12./44., waren völlig zersprengt, was bei einem Verluste von 55,5 pCt., der im ersten Augenblicke sicherlich noch viel größer erschien, kein Wunder ist. Der am Kampfe um Montoy betheiligte Zug von 10./44. kam zu seiner Kompagnie nicht mehr zurück. Aber auch 9./44., welche nur 27,27 pCt. ihrer Stärke und keinen einzigen Offizier verloren hatte, wurde trotz ihres viel günstiger sich gestaltenden Rückzuges in zwei Haufen zersplittert. Dabei hatte das ungünstige Gefecht nur ganz kurze Zeit gedauert. Wie mag es da bei einer verlorenen Schlacht und bei energischer Verfolgung durch die Sieger aussehen?

Es scheint übrigens französischerseits das Bataillon I. 51. gleichfalls am Kampfe bei Montoy sich betheiligt zu haben, und zwar vom Park aus in das Dorf vorgedrungen zu sein, während Regiment Nr. 62 von Süden her die Umfassung der Preußen durchführte. Ein Zug von III./51. wurde von hier nach Aubigny entsandt und nahm dort am Kampfe gegen das preußische Regiment Nr. 45 Theil.

Oberst v. Böcking beabsichtigte, noch vor Eintritt der Dunkelheit unter Mitwirkung von 11./44. einen nochmaligen Vorstoß auf Montoy zu unternehmen, mußte aber diese Absicht aufgeben, da 11./44. auf ausdrücklichen Befehl des Generals v. Memerty Retonfay besetzen mußte. Die Besatzung von Flanville räumte diesen Ort gleichfalls auf ausdrücklichen, vermuthlich aber irrthümlichen Befehl etwa um 7¹/₂ Uhr Abends. Französischerseits ging die Division Jauvart-Bastoul um dieselbe Zeit bis Flanville vor, kam aber nirgends mehr ernsthaft ins Gefecht. Regiment Nr. 67 dieser Division lagerte vor Retonfay, der Rest der Division bei Flanville. Regiment Nr. 51 verblieb in Flanville, Regiment Nr. 62 lagerte bei Montoy und hatte Verbindung mit Regiment Nr. 81, welches die Brauerei von Noisseville besetzt hielt. Das 18. Jägerbataillon verblieb in Puche.

Das Gefecht von Montoy ist unserem Erachten nach in hohem Grade interessant. Beide Gegner greifen an, beide Gegner sind gleichmäßig davon überrascht, sich plötzlich einander gegenüber zu befinden. Hätten Preußen und Franzosen einige Reiterpatrouillen bei sich gehabt, dann würde eine solche Ueberraschung nicht eingetreten sein. Von Flanville aus sahen 4. und 10./44. ganz genau die Entwickelung der Franzosen, aber sie besaßen kein Mittel, ihre Wahrnehmungen den arg gefährdeten Kameraden rechtzeitig mitzutheilen. Hätte Regiment Nr. 44 über einige leidlich gewandte Dragonerpatrouillen verfügt, dann wäre sicherlich Alles anders gekommen. Vermuthlich hätten dann die Preußen auf dem nördlichen Hange der Schlucht von Montoy sich entwickelt, hier die Franzosen in das eigene Feuer hineinlaufen lassen, während gleichzeitig die Besatzung von Flanville sie in wirksamster Weise flankirt haben würde. Nach menschlicher Voraussicht mußten dann die Franzosen eine Katastrophe erleiden, denn von Flanville aus hätten sie nicht bloß Flanken-, sondern auch Rückenfeuer erhalten. Umgekehrt würde auch das französische Regiment Nr. 62 von dem plötzlichen Auftreten der Preußen in seiner linken Flanke nicht überrascht worden sein, wenn es ein paar Kavalleriepatrouillen bei sich gehabt hätte; ebenso würde es rechtzeitig in Erfahrung gebracht haben, daß Flanville von den Preußen besetzt war. Man sieht hier, wie nothwendig das Ineinandergreifen von Infanterie und Kavallerie selbst bei kleineren Verbänden ist. Man spricht soviel von diesem Thema und dennoch wird in Wirklichkeit recht oft in dieser Beziehung gesündigt.

Allerdings müssen geschulte Augen sehen und melden, sonst nützt das Alles nichts. Aber diese Schulung ist bei dem vortrefflichen Ersatz unserer Reiterei unschwer zu erzielen.

Die bei Montoy angreifenden 4¹/₂ Kompagnien Regiments Nr. 44 zählten rund 900 Gewehre, die fünf Züge der Besatzung von Flanville rund 325 Gewehre. Die Franzosen (Regiment Nr. 62 und ein Bataillon Regiments Nr. 51) zählten rund 2200 Gewehre. Die ganze französische

Brigade hatte nur etwa 3200 Gewehre zur Stelle, denen das Regiment Nr. 44 im Ganzen 2350 Gewehre entgegen stellen konnte, wenn es nicht in so unglücklicher Weise zersplittert worden wäre. In Wirklichkeit griffen nur die von uns aufgezählten 1225 Gewehre und 2./44. mit etwa 220 Gewehren in den Kampf ein, zusammen also 1445 Gewehre; der Rest blieb unthätig und spielte nur eine Zuschauerrolle. Bei den sehr günstigen Geländeverhältnissen konnte man aber den Anmarsch der Franzosen übersehen, denn letztere mußten von der Tiefe aus gegen die Höhe ansteigen. Man brauchte nur ein paar tüchtige Reiterpatrouillen keck vorprellen zu lassen, um die Maßregeln der Franzosen bis ins Einzelne zu erkennen. Kavallerie war im Ueberflusse vorhanden, wie ein Blick auf den Schlachtplan des Generalstabswerks zeigt; nämlich 3 Schwadronen Dragoner Nr. 1, 14 Schwadronen der 3. Kavalleriedivision und 4 Schwadronen Dragoner Nr. 10, also 21 Schwadronen, welche sämmtlich in unmittelbarer Nähe des Kampfplatzes hielten. Weshalb bat man nicht um etwa 20 Reiter? Wie gern würde die Kavallerie diese 20 Reiter abgegeben haben!

Wir haben es hier mit einem falschen System zu thun. Im Frieden war man es gewöhnt, selbstständig zu handeln; wer über keine Kavallerie verfügte, bat nicht um die Beigabe einiger Reiterpatrouillen. Es war nur natürlich, daß man es auf dem Schlachtfelde ebenso machte. Denn darüber soll man sich nur nicht täuschen: im Kriege wird zunächst immer nur das ausgeführt, was Führer und Truppen im Frieden erlernt haben. Erst die bittere Noth führt zu Aenderungen dieses Verfahrens. Darum soll man im Frieden nur das lehren, was man im Kriege auch wirklich gebrauchen kann. Von Allerhöchster Stelle ist diesem Grundsatze in herrlicher Weise gehuldigt worden, wird aber in Wirklichkeit überall und stets danach gehandelt?

Der Kampf um Noisseville.

In der Front war die Vertheidigung des Dorfes Noisseville nach Westen hin auf zwei bastionsartig vorspringende Gebäude- bezw. Gartenkomplexe angewiesen, welche jedoch zu schmal waren, um eine ausreichende Feuerwirkung zu gestatten. Man hatte sie daher durch einen Schützengraben bezw. durch einen Verhau miteinander verbunden. Zur Vertheidigung recht wenig geeignet war die Südfront des Dorfes, man hatte daher zu ihrer Flankirung gegenüber der Brauerei einen Tambour hergestellt. Die Straße von Nouilly und der Weg nach

Pantour waren durch Barrikaden gesperrt, dagegen waren alle Ausgänge des Dorfes nach Norden und Osten offen; hier war überhaupt für die Vertheidigung nicht das Geringste vorbereitet.

Nur etwa 350 m südlich von Noisseville lag die Brauerei, welche ihrerseits die Westfront des Dorfes zum Theil sogar von halbrückwärts her flankirte. Nach Westen hin hatten die zur Vertheidigung eingerichteten Gehöfte der Brauerei gutes Schußfeld, nach Süden hin traten aber die Schluchtränder von Montoy sehr nahe heran, ebenso wie nördlich von Noisseville die Schluchtränder des Vallières=Bach=Grundes. Außerdem boten die großen Gebäude der Brauerei der französischen Artillerie ein nicht zu fehlendes Ziel.

Die Brauerei war von einem Zuge der Kompagnie 4./1. besetzt; ein Zug von 2./1. stand auf der Kuppe zwischen der Vallières=Schlucht und der direkt nach Nouilly führenden Schlucht. Der Rest von I./1., also 3¼/5 Kompagnien, hielt Noisseville besetzt; 3./1. stand im Dorfe in Reserve.

Die Stellung war mithin nur sehr ungenügend besetzt. Das ganz vereinzelte Bataillon konnte in beiden Flanken umfaßt, von Norden her sogar in den Rücken genommen werden. Die feindliche Artillerie hatte herrliche Ziele vor sich; kurz, der Aufenthalt des Vorpostenbataillons in Noisseville war recht unbehaglich. Die Besorgniß, in der Stellung abgeschnitten zu werden, war durchaus gerechtfertigt: sie konnte dem Bataillon nur durch die beruhigende Gewißheit genommen werden, daß unter allen Umständen rechtzeitig eine genügend starke Unterstützung eintreffen würde. Diese Beruhigung mußte man dem Vorpostenbataillon geben; es war also die Aufstellung einer Reserve bei Retonfay oder bei Château Gras unbedingt nothwendig. Es wäre dies auch recht wohl möglich gewesen, wenn das 7. Armeekorps seine Stellungen etwas weiter nach rechts hin ausgedehnt hätte. Noch leichter aber wäre es gewesen, wenn man die 17. Infanterie=Division schneller auf den Kriegsschauplatz befördert hätte, als es in Wirklichkeit geschah. Die Gefahr einer Landung französischer Truppen an den Küsten Deutschlands war nach dem 18. August nicht mehr vorhanden. Thatsächlich zog man ja auch das ganze 13. Armeekorps heran, man hätte dies nur schneller thun können. Die Entscheidung des Krieges lag bei Metz. Die einmal eingeschlossene Rheinarmee durfte unter keinen Umständen wieder frei werden. Es mußten alle Kräfte aufgeboten werden, um die Rheinarmee so schnell als möglich zu vernichten; dies war bei Weitem wichtiger als die Eroberung von Straßburg. Der Fall von Metz brachte sicher den Gewinn von Straßburg, nicht aber umgekehrt. Wir glauben, daß es nicht günstig war, daß der Kriegsminister sich im großen Hauptquartier befand. Wäre ein Mann von so hervorragender Bedeutung, wie General v. Roon es war, in Berlin verblieben, so konnte er seine ganze Thatkraft für die Vermehrung der Streitkräfte einsetzen. Vor Sedan nützte er nicht annähernd so viel, als er in Berlin genützt haben würde. Die Verwendung der verfügbaren Streitkräfte war Sache des Generals v. Moltke, die Sache des Kriegsministers aber war es, diese Streitkräfte auf das denkbar höchste Maß zu vermehren. Dazu mußte er mit den heimathlichen Behörden im dauernden Zusammenhange bleiben; die Macht der Persönlichkeit gilt denn doch mehr als der Telegraphendraht, der bei dem fortgesetzten Vormarsche noch dazu spät funktionirte.

Wenn das ganze 13. Armeekorps schon am 31. August östlich von Metz in Stellung gestanden hätte, wie dies durchaus möglich war, dann konnte man der Rheinarmee eine völlige Niederlage bereiten.

Doch nun zurück zu den Ereignissen.

Eine halbe Stunde später, als das Artilleriefeuer der Franzosen gegen die Front Failly—Servigny begann, schlug im Dorfe Noisseville die erste französische Granate ein. Die Artillerie der Division Montaudon trat hier in den Kampf ein, aber nur mit 6 gezogenen 4 Pfündern und 6 Mitrailleusen. Dagegen feuerte wahrscheinlich die gezogene 12 Pfünder=Batterie 3. Armeekorps, für welche man bei Bellecroix eine Deckung ausgehoben hatte. Auch scheinen zwei weitere Batterien des 3. Armeekorps, nach Dick de Lonlay Seite 248, zum Feuern gelangt zu sein. Jedenfalls war das Artilleriefeuer der Franzosen sehr heftig, es müssen also ziemlich viele Batterien thätig gewesen sein. Sobald die Entwickelung der Division Montaudon in der Stellung der 3. Infanterie=Brigade bei Retonfay erkennbar wurde, ging diese Brigade vor und entsandte ihre beiden schweren Batterien in eine Stellung zwischen Noisseville und Retonfay, von wo dieselben ihr Feuer eröffneten. Bald fuhr auch die reitende Batterie der 3. Kavallerie=Division zwischen Retonfay und Flauville auf und unterstützte die beiden schweren Batterien. Die Franzosen behielten aber sehr richtig ihr Hauptziel im Auge und beschossen die Brauerei und Noisseville.

Gleichzeitig mit dem Beginne des französischen Artilleriefeuers entwickelten sich starke Schützenschwärme der Franzosen vor der Front Noisseville—Brauerei. Die südlich der Chaussee gegen die Brauerei vorgehenden französischen Schützenschwärme wurden aber durch das Schnellfeuer der Besatzung am Vordringen aufgehalten.

Jetzt erschien eine französische Batterie auf Gewehrschußweite vor der Brauerei und beschoß dieselbe mit großer Wirkung. Unter dem Eindrucke dieser unheimlich genau treffenden Granaten begann der Zug von 4./1. die besetzten Gehöfte zu räumen. Im selben Augenblicke aber traf, von der 3. Infanterie-Brigade gesendet, 2./4. ein und besetzte hauptsächlich das obere Stockwerk des Wohnhauses. Kurze Zeit darauf erschien auch von Noisseville her ein Zug von 3./1.; es waren also jetzt fünf Züge zur Vertheidigung der Brauerei verfügbar, zusammen etwa 330 Gewehre. Das Feuergefecht mit den schon nahe herangekommenen Franzosen dauerte mit großer Heftigkeit fort; die französischen Granaten schlugen fortgesetzt besonders in das Wohnhaus ein. Plötzlich tauchten, etwa um 5 Uhr, aus dem Grunde von Montoy her französische Schützenschwärme auf, warfen sich auf die Gehöfte südlich der Chaussee und eroberten sie. Zwar versuchte der Kompagniechef von 2./4. noch das Wohnhaus zu vertheidigen, aber vergeblich: er selbst fiel schwerverwundet mit 32 unverwundeten Grenadieren in Gefangenschaft; im Ganzen machten die Franzosen 36 unverwundete Preußen zu Gefangenen. Die Reste der Besatzung der Brauerei gingen auf Noisseville zurück, woselbst sie die Besatzung verstärkten.

Die Franzosen besetzten sofort die oberen Stockwerke des Brauereigebäudes und richteten von hier aus ein lebhaftes Feuer gegen die Südseite von Noisseville, welches wegen der vorzüglichen Deckung der Franzosen nur sehr wenig wirksam erwidert werden konnte. Gegen die Westseite von Noisseville waren gleich nach Beginn des Artilleriefeuers französische Schützenlinien von Lauvallières her vorgegangen, ihre Anläufe wurden aber zweimal zurückgeworfen. Theile der Division Metman versuchten, sich aus dem Ostausgange von Nouilly zu entwickeln, wurden aber durch das Feuer der Besatzung des nördlichen Garten- und Häuserkomplexes daran verhindert; diese französischen Abtheilungen benutzten nunmehr den Nordausgang von Nouilly, gingen in den Weinbergen am nördlichen Hange der Vallières-Schlucht vor und gaben von hier aus Flankenfeuer gegen Noisseville ab.

Nach dem Verluste der Brauerei gingen, von südlich von Nouilly her, stärkere französische Massen gegen die Westfront Noissevilles vor. Von der Brauerei her erhielten die Preußen starkes Flankenfeuer, zum Theil sogar Rückenfeuer, ebenso Flankenfeuer vom nördlichen Rande der Vallières-Schlucht. Die Besatzung der Westfront mußte daher ihre

Stellungen räumen. Indessen wurde der Schützengraben, welcher die beiden erwähnten Häuser- und Gartenkomplexe verband, trotz überwältigenden Flankenfeuers auf das Tapferste behauptet. Ein hinter dem Schützengraben befindlicher Unterstützungszug feuerte über den Graben hinweg; die Franzosen erhielten also Stockwerksfeuer. Trotzdem gelang es nicht, die Franzosen aufzuhalten; als letztere bis auf 60 m herangekommen waren, räumten die Preußen den Graben. Zwar ging nun der Unterstützungszug vor, gelangte auch zum Theil bis an und in den Graben, mußte aber sehr bald zurückweichen. Die Franzosen besetzten sofort den Schützengraben.

Die Preußen setzten sich nun aber am Eingange der Straße von Rouilly in das eigentliche Dorf fest, besetzten hier das mehrstöckige Schulgebäude, ein anderes großes Haus und die jene Straße sperrende Barrikade. Von hier aus und auch vom Kirchhofe her wurde das Feuergefecht mit den Franzosen fortgesetzt, besonders gegen die von der Brauerei her herüber kommenden Abtheilungen des Feindes.

Um diese Zeit entschloß sich der Bataillonskommandeur von I./1. Oberstlieutenant v. Wienstowski, das Dorf zu räumen. Er hatte um 10½ Uhr früh den schriftlichen Befehl erhalten, im Falle eines überlegenen, durch Artillerie unterstützten Angriffs Noisseville allmälig zu räumen und nach der Vallières-Schlucht abzuziehen. Später, noch vor dem ernsten Angriff der Franzosen auf die Brauerei, traf ein mündlicher Befehl ein, Noisseville noch länger zu halten; das Bataillon würde von der 4. Brigade unterstützt werden, auch durch Artillerie. Der Ueberbringer war leider nur eine einfache Ordonnanz und verwechselte die 4. mit der 3. Brigade. Da nun die bei der Brauerei eingetroffene Kompagnie 2./4. zur 3. Brigade gehörte, so hielt man diese Verstärkung für das zufällige Erscheinen einer vereinzelten Kompagnie. Von dem Vormarsche der ganzen 3. Brigade hatte man nichts bemerkt; das zu dieser Zeit schon auf Noisseville vormarschirende Bataillon II./4. scheint sich eben in der Mulde befunden zu haben, welche von Noisseville aus nach der Chaussee sich hinzieht; es wurde jedenfalls von Noisseville aus nicht bemerkt.

Als der Befehl zur Räumung des Dorfes eintrat, ging 2./1. um 6 Uhr Nachmittags in der Richtung nach Norden zurück. Die Barrikade am Dorfeingange wurde erst geräumt, als die nächsten Franzosen auf 10 Schritte heran gekommen waren. Am nächsten Tage fand man hier (Grenadiere von I./1. (von dieser Kompagnie war die Barrikade besetzt gewesen) und vom französischen Regiment Nr. 71 als Todte dicht nebeneinander liegen; also scheinen auch Theile der Division Metman von der Vallières=Schlucht aus am Angriffe gegen Noisseville Theil genommen zu haben. Die Kompagnie 4./1. hatte ihre Stellungen bereits verlassen, als sie bemerkte, wie 1./1. den vorwärts der Westfront gelegenen Schützengraben verlor. Auf Befehl des Bataillonskommandeurs kehrte die Kompagnie jedoch sofort wieder in die alten Stellungen zurück, gerade noch rechtzeitig, um die Franzosen am Eindringen zu hindern. Jetzt erfolgte aber der endgültige Befehl zur Räumung des Dorfes, welche ohne Nachdrängen der Franzosen glücklich gelang. Das Bataillon I./1. ging nun in der Vallières=Schlucht bezw. am südlichen Hange der= selben zurück, in Halbbataillone formirt. Schließlich vereinigte sich um 1 Uhr Nachts das Bataillon in der Vallières=Schlucht.

Wir wissen bereits, daß die 3. Infanterie=Brigade etwa um 5 Uhr zur Unterstützung der Besatzung von Noisseville vorrückte (auf Befehl des Generalkommandos). Während Regiment Nr. 44 sich gegen Montoy wandte, nahm Regiment Nr. 4 die Richtung auf Noisseville. 2./4. erreichte die Brauerei, wie wir wissen. 1. 3. 4./4. kamen erst an, als sie schon verloren war; sie vermochten nicht, ernstliche Fortschritte gegen die von den Franzosen mittlerweile stark besetzten Gebäude zu machen. 11./4. wandte sich unter heftigem Feuer aus der Brauerei gegen Noisseville selbst. Als das Bataillon den Ostausgang erreichte, erhielt der Kommandeur die Meldung, daß das Dorf bereits geräumt sei. Er glaubte, dies sei auf höheren Befehl geschehen, und zog sein Bataillon wieder über die Chaussee herüber an I./4. heran.

Nach dem Verluste von Noisseville fuhren zwei reitende Batterien des dritten französischen Armeekorps bei diesem Dorfe auf und flankirten von hier aus in sehr empfindlicher Weise die große preußische Artillerie= linie von Jailly—Servigny. Bald mußten freilich zwei Geschütze der beiden französischen Batterien sich gegen die Batterien der 3. Infanterie= brigade wenden, also in der Richtung auf Château Gras feuern: allein die Schützenschwärme der Division Metman, sowie der in der Front angreifenden Division Cissey zwangen nun doch gegen 7 Uhr Abends die große preußische Artillerielinie zum Zurückgehen. Zwei preußische Batterien nahmen jetzt östlich von Servigny Stellung, um dieses Dorf unter Feuer zu nehmen und weitere Fortschritte der Franzosen zu ver= hindern. Diese Absicht gelang vollkommen: Noisseville brannte in kurzer Zeit an mehreren Stellen, und die Franzosen besetzten es infolge des heftigen Artilleriefeuers vorerst nur mit schwachen Ab= theilungen.

Gegen 8¼ Uhr Abends, bei völliger Dunkelheit, unternahm die 3. Infanterie-Brigade einen nochmaligen Vorstoß auf Noisseville. Es waren verfügbar: 1. 3. 4./4.; 11./4.; 1. 2./44. und eine kombinirte Füsilierkompagnie Regiments Nr. 44; später trat 5./44. hinzu. Die vier Kompagnien Regiments Nr. 44 befanden sich im zweiten Treffen. Im ersten Treffen war am weitesten rechts 1./4., daneben 11./4., links davon gingen 3. 4./4. vor. Letztere beiden Kompagnien erhielten an der Chaussee so heftiges Feuer von der Brauerei her, daß sie nicht weiter vordringen konnten. 11./4 gewann ohne ernsten Kampf den Osteingang von Noisseville, besetzte den Ort und vertrieb die schwachen französischen Abtheilungen, welche sich im Dorfe befanden. Das heftige Artilleriefeuer der Preußen gegen Noisseville hatte offenbar die Franzosen dazu veranlaßt, vorläufig das Dorf nur ganz schwach zu besetzen. 1./4. erhielt dagegen bei ihrem Vorgehen gegen die Weinberge östlich von Noisseville in beiden Flanken Feuer und ging darauf bis zur Chaussee in die Höhe von 3. 4./4. zurück. Jetzt erhielt General v. Memerty die Meldung, daß die Franzosen südlich von Flanville bis St. Aignan vorgedrungen seien. Infolge dessen nahm der General seine Brigade bis südlich von Château Gras zurück. Das Bataillon 11./4. erhielt daher gegen 10 Uhr Abends den Befehl, Noisseville wieder zu räumen; dies geschah ohne jede ernste Belästigung durch die Franzosen. Kaum war das Bataillon aber bei dem Gros der 3. Infanterie-Brigade eingetroffen, als General v. Memerty nach dem Verstummen des sehr heftigen Kampfes bei Servigny vermuthete, die Franzosen seien abgezogen, und deshalb dem Bataillon 11./4. den Befehl ertheilte, abermals auf Noisseville vorzugehen.

Um 11 Uhr Nachts etwa ging also 11./4. zum dritten Male gegen Noisseville vor, und zwar in Kompagniekolonnen auseinander gezogen. 5./4. erreichte die Weinberge östlich von Noisseville, ohne auf Widerstand zu stoßen; 6./4. stieß im Dorfe auf starke feindliche Abtheilungen; 7./4. erhielt von der Brauerei her heftiges Feuer. Der Bataillonskommandeur nahm daher sein Bataillon zurück, und Noisseville verblieb in den Händen der Franzosen.

Französischerseits hatte Regiment Nr. 95 den Angriff auf Noisseville durchgeführt, es hielt auch während der Nacht das Dorf besetzt. Wir haben aber gesehen, daß auch Theile der Division Metman um Noisseville gefochten haben. Regiment Nr. 81 lagerte während der Nacht zu beiden Seiten der Chaussee, südlich von Noisseville, in Höhe der Brauerei.

Ueber die Verluste der Preußen siehe „Kriegsgeschichtliche Einzel=
schriften" Heft 8.

Die Kämpfe in der Vallières=Schlucht.

Wir haben gesehen, daß die Brigade Arnaudeau der Division
Metman (Regimenter Nr. 59 und 71) über Nouilly hinaus, längs der
Vallières=Schlucht vordrang und den linken Flügel der preußischen
Artillerielinie sehr ernsthaft belästigte. Preußischerseits befand sich ein
Zug von 2./1. auf dem südlichen Schluchtrande längs des Weges
Noisseville—Servigny; ein Zug von 6./1. im Schluchtgrunde auf gleicher
Höhe mit ersterem Zuge. Auf dem nördlichen Schluchtgrunde standen
9. 12.,41.; zwei Züge von 6./1. befanden sich etwa 600 m rückwärts
in vorbereiteter Stellung auf der Schluchtsohle.

Bei Beginn des Artilleriefeuers der Franzosen ging ein französisches
Bataillon mit Schützen voran auf dem Schluchtgrunde von Noilly
her vor. Es entspann sich ein heftiges Feuergefecht. Als Noisseville
verloren ging, mußten die beiden Züge von 2./1. und 6./1. ihre
Stellung aufgeben; jetzt kamen aber 1. 4./3. heran. Beide Züge gingen
nun wieder vor und besetzten gemeinschaftlich mit den Schützen von
1. 4./3. die eben verlassene Stellung. Ein Halbzug von 2 1. ging jedoch
weiter zurück und erreichte den Anschluß an 1. 4./1. Dies geschah
nach 6½ Uhr Abends.

Um 7 Uhr Abends mußten alle preußischen Truppen in der
Vallières=Schlucht zurückgehen. 1. 4./3 wurden von Norden her über=
flügelt und gingen bis etwa 1000 m östlich von Noisseville zurück, wo
sie am südlichen Schluchtrande Stellung nahmen. Hier traf 2. 3. ein,
vom Abkochen zurückkommend. Es stellten sich nun 2. 4./3. an der
Straße nach Saarlouis auf; 1./3. in gleicher Höhe mit ihnen in der
Schlucht. Die noch in der Schlucht verbliebenen drei Halbzüge von
2. und 6./1. zogen sich auf ihre Kompagnien zurück. 9./41. mußte sich
der massenhaft andrängenden Franzosen durch Frontmachen erwehren
und ging dann nach dem Ostausgange von Servigny zurück; 12. 41
blieb mit 6. 1. in der Schlucht bezw. an ihren Hängen und
zwar in gleicher Höhe mit 1. 2. 4./3. In der Schlucht selbst
stand 6./1.

Um 8⅜ Uhr Abends ging eine geschlossene französische Abtheilung
in der Schlucht vor, welche offenbar von der Anwesenheit preußischer
Truppen keine Ahnung hatte. 6./1. ließ die Franzosen bis auf etwa

50 Schritte heran und eröffnete dann Schnellfeuer, welches glänzende Wirkung hatte. Die Franzosen verschwanden spurlos im Dunkeln, ließen aber Haufen von Leichen zurück. Später marschirten sowohl 12./41. wie 6./1. nach Servigny ab.

Die Kämpfe in der Vallières-Schlucht sind bisher ein wenig stiefmütterlich behandelt worden; hauptsächlich wohl deshalb, weil man über die französischen Maßnahmen sehr wenig aufgeklärt war und es auch leider heute noch ist. Immerhin haben hier von beiden Seiten bedeutende Kräfte gefochten. Man darf wohl annehmen, daß ein großer Theil der Brigade Arnaudeau der Division Metman hier den Kampf durchführte, vielleicht auch Theile der anderen Brigade dieser Division. Preußischerseits haben einschließlich von 6. 8./3. und einem Zuge von 7./1., deren Kampf wir im folgenden Abschnitte schildern wollen, immerhin rund 1540 Gewehre an den Kämpfen in der Vallières-Schlucht Theil genommen: also weit stärkere Kräfte, als in dem Gefechte von Montoy und selbst als bei der Vertheidigung von Noisseville und der Brauerei am 31. August preußischerseits eingesetzt worden sind. Nur die Regimentsgeschichte des Regiments Kronprinz und Heft 8 der „Kriegsgeschichtlichen Einzelschriften" suchen den wackeren Kämpfern in der Schlacht zwischen Servigny und Noisseville gerecht zu werden. Es ist aber zu befürchten, daß die Thaten der Preußen in dieser Schlacht ebenso der Vergessenheit übergeben werden, wie die Gräber der Helden, welche inmitten der Weinpflanzungen für Deutschland oder für Frankreich ihren Tod fanden. Hier müßte eine auf amtliche Quellen gestützte Einzelforschung eintreten, welche auch wirklich bis ins Einzelne zu geben hätte. Vielleicht bleibt das einer späteren Zeit vorbehalten; heute ist es einfach unmöglich, weil das Material von französischer Seite so gut wie ganz fehlt.

Der Kampf um Servigny.

Wir wissen bereits, daß Theile der Division Metman von der Vallières-Schlucht aus die große preußische Artillerielinie so empfindlich durch Gewehrfeuer belästigten, daß dieselbe gegen 7 Uhr Abends zurückgehen mußte. Zuerst wurden die linken Flügelbatterien zum Rückzuge gezwungen. Derselbe ging staffelförmig und in vollkommener Ordnung vor sich; drei Batterien mußten Kartätschen anwenden, um sich der vordringenden französischen Schützenschwärme zu erwehren. Die meisten Batterien erreichten übrigens dasselbe Ergebniß durch Granatfeuer, welches sich als überaus wirksam erwies. Es wurden im Ganzen nur 29 Kartätschschüsse abgegeben. Das flankirende Feuer der beiden reitenden Batterien des 3. französischen Armeekorps, von Noisseville aus, trug zur Erschwerung der Gefechtslage für die Preußen das Seinige bei, da diese Batterien, nur etwa 1000 m weit entfernt, in der linken Flanke der Preußen standen.

Der Widerstand der preußischen Batterien war ein heldenmüthiger und kann nicht rühmend genug anerkannt werden; 2 Stunden lang behaupteten sie unerschütterlich ihre weit vorgeschobene Stellung; mehrfach gelang es, französische Kolonnen durch gut treffende Granaten auseinander zu reißen. Schließlich blieb aber nach dem Falle des Dorfes Noisseville und nach dem infolge dessen bald nothwendig werdenden Zurückweichen der Preußen in der Vallières-Schlucht nichts Anderes übrig, als die ruhmvoll behauptete Stellung zu verlassen. Dies geschah in gleich ruhmvoller Weise, zumeist im Schritt. Kurze Zeit feuerte die 4. schwere Batterie von einer Zwischenstellung aus gegen Noisseville.

Nach beendigtem Rückzuge der preußischen Batterien standen drei derselben zu beiden Seiten der Chaussee nach Bouzonville, also zwischen den Weinbergen von Failly und Poixe: zwei Batterien zwischen Poixe und Servigny: zwei Batterien hinter Servigny, welche bekanntlich überaus wirksam gegen Noisseville feuerten; drei Batterien blieben in Reserve. Von besonderer Wichtigkeit war das wirksame Feuer der beiden gegen Noisseville feuernden Batterien; durch dasselbe wurden die Franzosen dazu veranlaßt, das Dorf nur schwach zu besetzen. Wenn es nicht gelungen wäre, auf diese Weise die Fortschritte der Franzosen über Noisseville hinaus gänzlich zu hemmen, hätten die Franzosen Servigny im Rücken angreifen können.

Französischerseits gingen jetzt stärkere Massen gegen Servigny vor: in der Front das 20. Jäger-Bataillon, Regiment Nr. 1 und 6 der Division Cissey; weiter rechts die Brigade Potier (die Regimenter Nr. 7 und 29); noch weiter rechts die Regimenter Nr. 59 und 71 der Brigade Arnaudeau der Division Metman. Leider läßt sich aus den Angaben Dick de Lonlay bezw. aus den wenigen bisher veröffentlichten „historiques" der betreffenden Regimenter ein klares Bild nicht gewinnen. Auch mögen wohl in dem sehr unübersichtlichen Gelände der Servigny umgebenden Schluchten, bei der zunehmenden Dunkelheit, die französischen Truppen etwas durcheinander gekommen sein. Die zuverlässigsten Nachrichten über die gegen Servigny zur Verwendung gelangten französischen Truppen bringt die Regimentsgeschichte des

Regiments Kronprinz, wenngleich auch sie offenbare Irrthümer enthält. Zweifellos lagen nach der Beendigung der Schlacht Todte folgender französischer Regimenter vor Servigny: Nr. 7. 29. 59. 71. der Division Metman; Nr. 44 der Division Aymard; Nr. 1. 6. der Division Cissey; Nr. 43 der Division Grenier; Nr. 33 der Division Lorencez; außerdem der Jäger-Bataillone Nr. 20 (Division Cissey) und Nr. 11 (Division Aymard). Die Todten des Regiments Nr. 1 lagen besonders zahlreich vor Poixe, aber auch vor Failly fanden sich Todte dieses Regiments. Diese Todtenliste spricht dafür, daß auf dem beschränkten Raume der Front Poixe—Servigny von etwa 1200 m Breite ein ziemlich erhebliches Durcheinander geherrscht haben mag. Bei der späten Stunde des Angriffs der Franzosen, etwa um 7 Uhr Abends, ist dies sehr leicht erklärlich.

Es steht fest, daß die Truppen der Division Metman zuerst angriffen und zwar umfassend von der Vallières-Schlucht aus. Näheres kann nur durch eine amtliche französische Geschichtsschreibung aufgeklärt werden.

Um die zuerst auf den Hängen südlich von Servigny auftretenden französischen Kolonnen und Schützenschwärme wieder in den Grund der Vallières-Schlucht hinunter zu drücken, gingen 6. 8./3. vor. Diese beiden Kompagnien warfen in der That zwei französische Kolonnen zurück, welche eben den nördlichen Abhang der Schlucht ersteigen wollten, und gaben ein wirksames Verfolgungsfeuer ab. Auch weiterhin behaupteten sich diese Kompagnien siegreich. Wir vermuthen, daß die ihnen gegenüber gestandenen französischen Truppen der Brigade Arnaudeau der Division Metman angehört haben, indessen läßt sich dies mit Bestimmtheit nicht angeben.

Die Besatzung von Servigny, 5. 7. 8./1., 10. 11./41., hatte sich bis dahin am Kampfe nicht betheiligen können. Nur ein Zug von 7./1., welcher gegen Nouilly hin auf Vorposten gestanden, hatte versucht, an den Kämpfen in der Vallières-Schlucht sich zu betheiligen, aber bald nach Servigny zurückweichen müssen.

Etwa um 7 Uhr Abends, also nach Sonnenuntergang, erfolgte der erste ernsthafte Angriff französischer Massen. Es erschien eine sehr dichte Schützenlinie, welche von dem Nordabhange der Vallières-Schlucht sich bis zur Chaussee nach Bouzonville ausdehnte; dahinter folgten mit geringem Abstande zahlreiche Kolonnen in mehreren Treffen. Auf etwa 500 m Entfernung warfen sich die französischen Schützen hin und begannen ein lebhaftes Schnellfeuer; dann sprangen sie auf und kamen im Laufschritt bis auf 200 m heran; nun aber wurden sie von der Besatzung der Westfront mit Schnellfeuer überschüttet, geworfen und eilten zurück. Die Besatzung des Kirchhofs, ein Halbzug von 7./1., war zwar nicht unmittelbar angegriffen worden, sah sich aber durch das Vordringen der Franzosen von beiden Seiten her umfaßt und räumte den Kirchhof.

Die Westseite von Servigny war jetzt folgendermaßen besetzt:

1. Ein Schützengraben, welcher sich nördlich vom Westausgange, vorwärts des Dorfrandes nach der Nordseite hinzog und an dieser entlang lief, wurde von zwei Zügen der Kompagnie 7./1. vertheidigt, von denen auch die Barrikade am Westausgange besetzt war. Der andere Zug dieser Kompagnie hatte gegen Noilly auf Vorposten gestanden und verstärkte später die Kompagnie 5./1.

2. Ein weit vorspringender Schützengraben zog sich von der Barrikade südwärts, lief dann ebenfalls weit vorspringend und scharf umbiegend, vorwärts des Südrandes bis zu einem ummauerten Weingarten. Diesen Schützengraben hielt ein Zug von 5./1. in seinem nördlichen, an die Barrikade anstoßenden Theile besetzt; die beiden anderen Züge von 5./1. blieben geschlossen hinter einem Gebäude. An den Zug von 5./1. schloß sich ein Zug von 8./1. im Schützengraben an, hatte aber die Front gegen Noisseville; die beiden anderen Züge von 8./1. blieben geschlossen dahinter. Der ummauerte Weingarten war von 10./41. besetzt.

3. 11./41. hielt einen ummauerten Garten der Nordseite besetzt. Hinter dem Dorfe stand II./3. in Reserve; 9./41. kam später auch hier an, wie wir wissen.

Als der Kirchhof von den Preußen verlassen war, besetzten ihn die Franzosen sofort. Die Kompagnie 11./41. entwickelte jetzt längs des Nordrandes bezw. im freien Felde nördlich des Dorfes zwei Züge und nahm den Kirchhof unter Feuer. Nun erfolgten eine ganze Reihe von Angriffsversuchen der Franzosen aus der Gegend des Kirchhofs her, und zwar mit immer geringeren Pausen; meistens waren es wohl nur Annäherungsversuche der feindlichen Schützen, mehrmals aber attacirten auch starke Kolonnen, welche zum größten Theile hinter dem Kirchhof Deckung genommen hatten und dann von dort vorbrachen.

Die französischen Schützen gelangten an einzelnen Stellen bis auf 15 Schritte heran, die Kolonnen wurden regelmäßig auf 200 m abgewiesen.

Bei der Kompagnie 5./1. wurden die beiden geschlossenen Züge vorgeholt, und zwar unmittelbar hinten den Schützengraben; hier feuerten sie knieend über die Vertheidiger des Schützengrabens hinweg. Später ging ein Zug in den Graben hinein, nur ein Zug blieb geschlossen dahinter liegen. Wie bereits erwähnt, verstärkte auch der auf Vorposten gegen Rouilly gewesene Zug von 7./1. die Besatzung des Schützengrabens.

Gegen die nach Süden vorspringende Biegung des Schützengrabens und seine vorwärts des Südrandes von Servigny ziehende Verlängerung richtete sich gleichfalls ein heftiger Angriff der Franzosen. Indessen gelang es auch hier, den auf 150 m herangekommenen Feind durch Schnellfeuer zurück zu weisen. Die Kompagnien 6. 8. 3., welche bekanntlich am nördlichen Rande der Ballières-Schlucht standen, wirkten durch Feuer, sogar durch Salven mit.

Nach den Angaben der Franzosen hat von der Division Cissey zuerst das 20. Jäger-Bataillon angegriffen, hinter welchem die Regimenter Nr. 1 und 6 in Staffeln folgten, wegen des schnellen Vordringens der Jäger aber auf mehr als 500 m zurückblieben. Von der Division Metman focht Regiment Nr. 7 besonders hartnäckig, Regiment Nr. 29 kam etwas weniger scharf ins Feuer; von den Regimentern Nr. 59 und 71 scheinen nur Theile am Sturme auf Servigny Theil genommen zu haben; Dick de Lonlay nennt III./59. und drei Kompagnien von II./71. Zur selben Zeit wie Servigny wurde auch Poixe angegriffen, und zwar anscheinend von dem größten Theil des Regiments Nr. 1 und vom Regiment Nr. 57 der Division Cissey; Regiment Nr. 73 derselben Division wurde auf höheren Befehl zurückgehalten, nur seine Eclaireurs nahmen ernstlich am Kampfe Theil.

Preußischerseits hatten 2. 3./41. den am Dorfrande von Poixe angelegten Schützengraben besetzt; 4./41. stand geschlossen im Dorfe: 1./41. befand sich an der Chaussee nach Bouzonville, nördlich von Poixe. Hinter dem Dorfe stand II./41. in Reserve. Nach dem Rückzuge der preußischen Artillerie wurde 6./41. an den Westausgang des Dorfes vorgenommen, 5./41. auf den rechten Flügel.

Noch ehe die französischen Kolonnen in den wirksamen Feuerbereich der Besatzung von Poixe kamen, erfolgte jedoch ein sehr wirksamer Gegenstoß der Preußen, und zwar seitens der 2. Infanterie-Brigade. Von dieser Brigade waren verfügbar: 3. 4./1. Jäger-Bataillons, F./3. und Regiment Nr. 43. Die beiden ersten Kompagnien des Jäger-Bataillons befanden sich in Brémy; 1./3. (ohne 3./3., welche Kompagnie nach Glattigny abkommandirt war) haben wir in der Vallières-Schlucht thätig gesehen; 11./3. stand bei Servigny.

Etwa um 7½ Uhr trat das 1. Treffen der Brigade unter Oberst v. Legat an. (Sonnenuntergang um 6 Uhr 50 Minuten!) Rechts gingen die beiden Jägerkompagnien längs des Südrandes von Poize vor, daneben 9. 10./3. und 11. 12./3.; während F./43. südlich von Servigny vorgehen sollte. Außerdem gingen 5. 7./3. längs des Nordrandes von Servigny vor. F./43. verfehlte in dem Abenddunkel die Richtung und ging erst später mit 9. 12./43. an der Nordseite von Servigny vor, während 10. 11./43. sich nach diesem Dorfe selbst wandten.

Den auf dem rechten Flügel der Brigade vorgehenden Jägern schlossen sich zwei Züge von 7./41. und ein Zug von 8./41. an. Die Franzosen wurden mit schlagenden Tambours angegriffen und zurückgeworfen.

Gegen den Kirchhof von Servigny hatte 11./41. schon vorher einen Vorstoß gemacht und ihn, ohne wesentlichen Widerstand zu finden, besetzt. Bei der inzwischen eingetretenen Dunkelheit kam es leider zu bedauerlichen Mißverständnissen; die Kompagnien 9. 12./43., welche längs der Nordseite des Dorfes vorgingen, wußten nichts von der Wegnahme des Kirchhofs durch 11./41. und eröffneten ein heftiges Feuer gegen denselben, welches auch das Halbbataillon 5. 7./3. traf. Wir machen die Schwärmer für Nachtgefechte hierauf besonders aufmerksam.

Der Vorstoß des Obersten v. Legat hatte sich unterdessen nach zwei Richtungen hin gespalten. Man sah nämlich neue französische Kolonnen sowohl in der Richtung von Metz—Brémy, wie auch von Nouilly her vorrücken. Infolge dessen schwenkten die 4. Jägerkompagnie und F./3. gegen die längs der Chaussee nach Bouzonville vorgehenden französischen Kolonnen nach rechts ein. Diese französischen Kolonnen gehörten wahrscheinlich den Regimentern Nr. 1 und 57 der Division Cissen und dem Regiment Nr. 43 der Division Grenier an. Die 3. Jägerkompagnie blieb am Westrande von Poize halten, während 5. 7./3. links schwenkten und die Richtung auf den Kirchhof von Servigny nahmen, wobei sie in das Feuer der Kompagnien 9. 12./43. geriethen.

Die nach rechts hin eingeschwenkten Kompagnien des Obersten v. Legat griffen die Franzosen entschlossen an, warfen sie um mehrere 100 m zurück und errangen hier einen ganz entschiedenen Erfolg.

Bei den Abtheilungen, welche sich nach links hin gewendet hatten, hemmte das vom Rücken her kommende Feuer der eigenen Truppen ein energisches Vorwärtsdringen. Es war bereits völlig dunkel geworden, die siegreichen Preußen erhielten von vorn Feuer der Franzosen, von hinten Feuer ihrer eigenen Reserven. Das ist so recht charakteristisch für ein Nachtgefecht. Es entstand natürlich eine allgemeine Verwirrung. Oberst v. Legat ließ aber glücklicherweise das Signal „Stopfen" blasen, um wenigstens das Feuer der Preußen zu verhindern. Sofort wurde überall das Signal nachgeblasen und das Feuer schwieg fast ganz. Es dauerte immerhin noch einige Zeit, ehe die betreffenden Abtheilungen sich gegenseitig verständigt hatten, und das Feuer auf die abziehenden Franzosen konnte erst nach etwa 10 Minuten wieder aufgenommen werden. So lautet der offizielle Bericht; in die Sprache der Wirklichkeit übersetzt heißt dies, daß die Franzosen infolge dieser unglücklichen Zwischenfälle einen sehr bequemen Rückzug hatten und auf demselben so gut wie gar keine Verluste erlitten. Möchten doch die Schwärmer für Nachtgefechte dies sich recht zu Herzen nehmen.

Eine recht empfindliche Wirkung hatte das Feuer der rückwärtigen preußischen Truppen zu Staude gebracht, nämlich insofern, als die Kompagnie 11./41. infolge des Rückenfeuers sich dazu veranlaßt sah, den eben erst wieder eroberten Kirchhof zu räumen. Die Kompagnie ging auf Poire zurück, wobei sie etwa 100 Mann Preußen sammelte, welche in der Dunkelheit von ihren Truppentheilen abgekommen waren. Sie wies dann wiederholt französische Kolonnen, die bis auf 50 m heran= kamen, durch Salven und Schnellfeuer zurück. Später schloß sich 11./41. an 5. 7./3 an, welche letzteren Kompagnien bis in die Höhe des Kirchhofs vorgerückt waren und von hier aus die Franzosen mit Feuer so lange verfolgt hatten, bis sie im vorliegenden Grunde ver= schwunden waren.

Zunächst erneuerten die Franzosen ihre Angriffe nicht mehr. Oberst v. Legat führte daher, nachdem er sich davon überzeugt hatte, daß sowohl Poire wie Servigny nach wie vor von preußischen Truppen besetzt und zwar stark besetzt seien, seine Truppen bis an den Weg Poire—Servigny zurück. Hier angekommen, erhielt er die Meldung, daß Servigny verloren gegangen sei.

Die Besatzung der Westfront dieses Dorfes bestand bekanntlich aus 5., 7., 8./1., welche durch Theile von 10., 11./43 verstärkt worden waren. Nach dem erfolgreichen Vorstoße des Oberst v. Legat trat hier eine Art von Gefechtspause ein, etwa um $8^{3/4}$ Uhr Abends. Preußischerseits war man damit beschäftigt, die infolge des Einschiebens von Theilen der Kompagnien 10., 11. 43. eingetretene Unordnung wieder zu beseitigen. Dies war nicht leicht, denn ein Theil der Besatzung der Westfront hatte sich dem Vorgehen der 43er gegen den Kirchhof angeschlossen, welches letztere sofort eingestellt worden war, als man vor sich preußische Truppen gewahrte. Alle diese vorgegangenen Abtheilungen strömten nun zurück. Tiefe Finsterniß herrschte. Ueberall war „Gewehr in Ruh" geblasen worden. Man glaubte in der Westumfassung von Servigny, daß weiter vorn noch immer preußische Truppen sich befänden, und sandte eine starke Patrouille nach dem Kirchhofe vor, welcher leer gefunden wurde.

Diese kurze Zeit einer allgemeinen Ungewißheit benutzte sehr geschickt die Division Aymard des 3. französischen Armeekorps; Theile der Divisionen Metman und Cissey schlossen sich ihrem Vorgehen an. An der Spitze der Division Aymard befand sich das 11. Jäger-Bataillon, dann folgten die Regimenter Nr. 44, 60, 85; in Reserve blieb Regiment Nr. 80. Es mögen wohl aber auch auf französischer Seite bei der herrschenden Finsterniß die Truppen stark durcheinander gerathen sein.

Zuerst erschienen, um 9 Uhr Abends, südlich vom Dorfeingange, da wo 5./1. und 8./1. sich die Hand reichten, auf höchstens hundert Schritte Entfernung zwei dunkele Massen: sie erhielten sofort Schnellfeuer und verschwanden wieder. Man fürchtete aber, auf eigene Truppen geschossen zu haben; es ging daher der Kompagnieführer von 8./1., Premierlieutenant Oehlmann, mit einem Gefreiten von 5./1. bis zu den liegen gebliebenen Verwundeten vor, welche als Franzosen erkannt wurden.

Am Dorfeingange erschienen unmittelbar hinter den zurückkommenden Füsilieren Regiments Nr. 43 Franzosen in den Schützengräben; es entspann sich ein heftiges Handgemenge, in welchem ein Offizier und 14 Mann der Preußen durch Bajonettstiche bezw. durch Kolbenschlag verwundet wurden. Den zuerst eingedrungenen Franzosen folgten unmittelbar geschlossene Abtheilungen, so daß eine gewaltige Unordnung entstand, die vordere Barrikade verloren ging und die Preußen hier überall zurückweichen mußten. Unglücklicherweise brannte weiter rückwärts im Dorfe ein Gebäude, dessen heller Schein die Preußen sichtbar machte, während die Franzosen in tiefste Dunkelheit gehüllt waren. Die Versuche der Preußen, den Gegner wieder aus dem Dorfe hinaus zu werfen, scheiterten; auch die zweite, im Innern des Dorfes gelegene Barrikade ging verloren.

Unterdessen wurde auch in dem südwestlichen Schützengraben heftig gekämpft. Wir wissen, daß ein erster Versuch der Franzosen, gegen diese Stellung vorzugeben, ohne Schwierigkeiten abgewiesen worden war; alsbald erfolgte aber ein zweiter Angriff durch eine starke Kolonne mit schlagenden Tambours. Premierlieutenant Oehlmann ließ die Franzosen auf 25 Schritt herankommen und dann erst Schnellfeuer abgeben, so daß den Franzosen das Feuer aus den Gewehren der Preußen ins Gesicht sprühte und der Angriff wiederum abgeschlagen wurde. Nur wenige Minuten später erschienen abermals zwei dunkele Massen, wurden zwar in derselben Weise empfangen, gelangten aber dennoch zum Theil in die Schützengräben hinein. Hier wurde nun freilich der größte Theil der eingedrungenen Franzosen niedergestochen, aber auch die Preußen verloren 3 Offiziere, 11 Mann durch Bajonettstiche verwundet. Jedenfalls wichen die Franzosen abermals zurück, und es gelang den Preußen auch diesmal, ihre Stellung zu behaupten. Man wird vor den tapferen Vertheidigern dieses Schützengrabens den Hut recht tief abnehmen dürfen!

Nun aber machte sich das Eindringen der Franzosen in die Hauptstraße von Servigny geltend; die braven Vertheidiger des südwestlichen Schützengrabens erhielten Flanken- und Rücken-Feuer und mußten nun endlich nach dem hinteren Dorfeingange zurückweichen. Aus demselben Grunde mußten die Vertheidiger des nördlichen Dorfrandes zurückgehen.

Oberst v. Busse, Kommandeur des Regiments Nr. 43, hielt seinerseits infolge der kurz vorher eingetretenen Gefechtspause den Kampf für beendet und führte die verfügbaren Abtheilungen seines Regiments, soweit sie bisher hatten gesammelt werden können, in ein Biwak zwischen Brémy und St. Barbe zurück. Es waren dies 2½ Bataillone, I., 4./43. waren zum Schutze der biwakirenden Artillerie nach dem Grunde der Ballières-Schlucht entsendet worden. Dieses an sich durchaus gerechtfertigte Zurückgehen des Regiments Nr. 43 traf sich der Zeit nach so ungünstig wie möglich, da es genau mit der Wegnahme des größten Theiles von Servigny durch die Franzosen zusammenfiel. Auch diese Thatsache empfehlen wir den Schwärmern für Nachtgefechte zu recht gründlicher Beachtung.

Wenn das Generalstabswerk Seite 1451 sagt, es sei während des kurzen Kampfes kein einziger Schuß gefallen, so ist dies ein erheblicher Irrthum, welcher durch die „Kriegsgeschichtlichen Einzelschriften", Heft 8, längst richtiggestellt worden ist. Es hat, wie wir gesehen haben, im Gegentheil ein sehr heftiges Feuergefecht stattgefunden, besonders im südwestlichen Schützengraben. Nur die Dunkelheit und die begreiflicherweise recht große Unordnung, welche das Handgemenge hervorbrachte, tragen die Schuld daran, daß der Verlust des größten Theiles von Servigny nicht sofort zur Kenntniß der höheren Führer kam.

Den ersten Versuch zur Wiedereroberung des verlorenen Dorftheiles unternahm Major v. Olszewski, Kommandeur von F./41. Während 10./41. den von ihr besetzt gehaltenen, ummauerten Weingarten an der Südseite des Dorfes dauernd behauptete, ging der genannte Stabsoffizier mit der kaum zur Hälfte wieder gesammelten Kompagnie 9./41., vom Ostausgange her, wieder in das Dorf vor. In der Höhe der Kirche kam diese kleine Kolonne in den Schein eines brennenden Hauses, erhielt von den Franzosen lebhaftes Feuer und suchte an der Kirche Deckung auf.

Bald aber eilten stärkere Abtheilungen zur Wiedereroberung des verlorenen Dorftheiles herbei; 5./1. ging auf der Dorfstraße vor, erhielt zwar in der Nähe der Kirche heftiges Feuer von der Barrikade her, ließ sich aber dadurch nicht beirren, sondern ging, unterstützt von 9./41., mit Hurrah und schlagenden Tambours gegen die hintere (zweite) Barrikade vor, welche die Franzosen alsbald räumten. Der Angriff wurde sehr energisch fortgesetzt, auch die vordere Barrikade genommen, obschon die Franzosen hier noch auf 10 Schritte feuerten; ebenso wurde der Westrand des Dorfes wieder besetzt.

Zu gleicher Zeit gingen auf Befehl des Kommandeurs der 1. Infanterie-Brigade, des Generals v. Wangl, G., 8./3. längs der Nordseite, 7., 8./1. längs der Südseite von Servigny vor. Letztere beiden Kompagnien erhielten jedoch plötzlich aus dem ummauerten Weingarten der Südseite Feuer. Diesen Garten hatte bekanntlich 10./41. besetzt; die Kompagnie verhielt sich während des plötzlichen Nachtangriffs der Franzosen ganz still, harrte aber auf ihrem Posten aus; jetzt griff sie für die Franzosen völlig überraschend mit Schnellfeuer ein; dieses Feuer richtete sich allerdings aus Versehen für kurze Zeit auch nach rückwärts, so daß 7., 8./1. sich dagegen decken mußten. Doch dies dauerte nur kurze Zeit. Bald konnten 7., 8./1. bis zum Westrande des Dorfes vorgehen; 7./1. besetzte den südwestlichen Schützengraben, Front gegen Noisseville; 8./1. blieb geschlossen dahinter.

Die längs des Nordrandes von Servigny vorgehenden Kompagnien 6., 8./3. stießen auf keinen Widerstand. 8./3. besetzte den nordwestlichen Schützengraben, 6./3. blieb geschlossen in einer Seitengasse.

Auch von Poixe her waren 6., 11./41. auf Servigny vorgegangen, 6./41. blieb aber auf Befehl halten, um neue Unordnung zu vermeiden; 11./41. betheiligte sich an der Wiederbesetzung des Westrandes von

Servigny. Schließlich rückten auch noch die Kompagnien 11. 12. des Bataillons Samter kombinirten Niederschlesischen Landwehr-Regiments auf Servigny vor, ohne jedoch ernsten Antheil am Kampfe zu nehmen. Nunmehr wurde Servigny ordnungsmäßig und sehr stark besetzt. In der Umfassung des Dorfes standen 5. 7./1.: 8./3.; 10. 11./41. Als Spezialreserven fanden Verwendung: für den südwestlichen Schützengraben 8./1.; für den Westrand: 6./3.; 9. 12./41.; im Innern des Dorfes bei der Kirche 6./1. Hinter dem Dorfe verblieben als Hauptreserve: 5. 7./3.; das 1. Bataillon Westpreußischen und das 2. Bataillon Niederschlesischen Landwehr-Regiments. Die Kompagnien 11. 12. letzteren Regiments rückten nach Poixe ab, wo sie hinter dem Dorfe als Reserve verblieben.

Poixe blieb während der Nacht besetzt von 2. 3. 4./41.; dahinter standen als Reserve, außer den eben genannten Landwehr-Kompagnien, II./41. und F./3. 1./41. verblieb zwischen Poixe und der Chaussee nach Bouzonville.

Es waren mithin jetzt ausreichend starke Truppenmassen bei beiden Dörfern vereinigt und zwar:

5 Kompagnien in der Umfassung von Servigny.
5   =   als Spezialreserve dahinter,
10   =   als Hauptreserve hinter dem Dorfe,
3   in Poixe,
10   =   hinter Poixe als Reserve,
1 Kompagnie   nördlich von Poixe.

Französischerseits haben bedeutende Truppenmassen gegen Servigny im Gefecht gestanden, und zwar die ganze Division Metman, ohne das 7. Jägerbataillon, welches in Reserve verblieb; ferner die ganze Division Cissey, ohne das 73. Regiment, und die ganze Division Aymard, ohne das 80. Regiment, welche beiden Regimenter in Reserve verblieben. Außerdem fochten von der Division Grenier Regiment Nr. 43 und 2 Bataillone Regiments Nr. 98 gegen die Front Poixe—Servigny; das 5. Jäger-Bataillon und II./98. wandten sich gegen Faillv. Regiment Nr. 13 blieb in Reserve, Regiment Nr. 64 war bekanntlich im Lager zurückgeblieben.

Von der Division Lorencez nahmen am 31. August nur die Eclaireurskompagnien ernsten Theil am Kampfe, dieselben kamen aber recht scharf ins Feuer. So verloren die Eclaireurs des 15. Regiments allein einige 20 Mann todt und verwundet. In der Nacht zum 1. September trat Regiment Nr. 33 in die vorderste Linie und kam

anscheinend auch noch heftig ins Feuer, da man nach Beendigung
der Schlacht allein vor Servigny 17 Todte dieses Regiments fand
und begrub.

Taktische Bemerkungen zu den Kämpfen auf der Linie
Poixe—Servigny—Noisseville.

A. Noisseville. Die 3. Infanterie-Brigade stand zu weit zurück.
Ihr Eingreifen mußte zu spät kommen. Es wäre vielleicht zweck=
mäßig gewesen, ein Bataillon dieser Brigade, schon gleich nach ihrer
Ankunft bei Retonfay, als Verstärkung nach Noisseville zu senden,
so daß dieses Dorf 6 Kompagnien, die Brauerei 2 Kompagnien Be=
satzung gehabt hätte. Ein zweites Bataillon hätte auf der Bergnase,
südöstlich der Brauerei, Schützengräben ausheben und besetzen sollen,
welche die Hänge zwischen der Brauerei und Montoy gründlich unter
Feuer nehmen konnten. Dann würde ein Flankenangriff aus der
Schlucht von Montoy gegen die Brauerei selbst in vernichtendes Flanken=
feuer gekommen und dadurch hoffnungslos geworden sein.

Das Festhalten von Noisseville und der Brauerei war unbedingt
nothwendig, sonst gab man die linke Flanke von Servigny preis und
gefährdete dadurch die Hauptstellung auf das Schlimmste. Das General=
kommando 1. Armeekorps legte daher auch sehr großes Gewicht auf die
Behauptung der Stellung von Noisseville, deshalb zog es die 3. In=
fanterie-Brigade nach Retonfay heran. Es scheint nun leider diese
Absicht des Generalkommandos den Unterführern nicht mitgetheilt
worden zu sein, besonders nicht den Bataillonskommandeuren von I./1.
und II./4. Das erstere Bataillon gehörte zur 1. Infanterie-Division,
deren Hauptstellung bei Failly—Poixe—Servigny lag. Das vereinzelte
Bataillon in Noisseville wurde also seitens der 1. Infanterie-Division,
wie schon erwähnt, als eine Art von „verlorenem Posten" betrachtet:
man war mehr darauf bedacht, das Bataillon vor einer Katastrophe zu
bewahren, als den Besitz von Noisseville unter allen Umständen sicher
zu stellen. Es wäre richtiger gewesen, das Vorpostenbataillon der
3. Infanterie-Brigade, gleich nach deren Ankunft, zu unterstellen
und alle Führer, möglichst sogar alle Offiziere mit der festen Absicht
des Generals v. Manteuffel bekannt zu machen, die Stellung Noisse=
ville—Brauerei, koste es, was es wolle, zu behaupten. Zeit zu einer
solchen Mittheilung der eigenen Absichten hatte man im Ueberfluß.
Etwas Aehnliches ist offenbar nicht geschehen. Zum Unglück nannte der

Ueberbringer des mündlichen Befehls an 1./1. „das Dorf Noisseville noch länger zu halten, da es Verstärkung von der 4. Brigade erhalten würde", eine falsche Brigade. Das vereinzelte Auftreten von 2./4. in der Brauerei klärte die Sachlage nicht auf, weil man die Verstärkung ja von der 4. Brigade erwartete.

Solche Meldungen bezw. Befehle müßten stets schriftlich überbracht werden, am besten durch Offiziere; ist irgend welche Gefahr für den Ueberbringer möglich, mindestens in duplo. Für gewöhnlich dürfte ein schriftlicher Befehl durch einen Ordonnanzreiter und die gleichzeitige Absendung eines Offiziers zur mündlichen Erläuterung dieses schriftlichen Befehls sich am meisten empfehlen. Wenn jeder Hauptmann, wo möglich jeder Lieutenant weiß, in welchem Sinne er am zweckmäßigsten die Absichten der höheren Führung unterstützen kann, dann geht Alles doppelt gut. Wir berufen ja im Frieden beim Manöver täglich alle Offiziere einer gemischten Truppenabtheilung, um sie mit den vorzunehmenden Maßregeln bekannt zu machen; im Kriege ist dies doch unendlich viel wichtiger.

Hätte man derartige Anordnungen getroffen, dann standen am 31. August drei preußische Bataillone in Noisseville, der Brauerei, bezw. südöstlich derselben, und es darf mit Sicherheit angenommen werden, daß die Stellung unter diesen Verhältnissen nicht verloren gegangen wäre.

In Wirklichkeit griff nur das französische Regiment Nr. 95 die Stellung Noisseville—Brauerei an, abgesehen von offenbar nur geringen Theilen des Regiments Nr. 71 der Division Metman, welche von der Schlucht von Nouilly her gegen Noisseville vordrangen. Auch wenn das zweite Regiment der Brigade Clinchant (Nr. 81) ernsthaft in den Kampf eingegriffen hätte, was in Wirklichkeit nicht der Fall war, so war kein Grund zur Besorgniß vorhanden. Die drei Bataillone 1/1., I. und II. 4. zählten zusammen 2360 Gewehre, die französischen Regimenter Nr. 81 und 95 zusammen 3400 Gewehre. Uebrigens stand ja das Regiment Nr. 44 bei Metonfau bezw. bei Flauville zu weiterer Unterstützung bereit, welche unter diesen Umständen sicher zu rechter Zeit gekommen sein würde; besonders weil bei den von uns vorgeschlagenen Maßregeln der Kampf im Grunde von Mentow ganz vermieden werden konnte. Die Irrfahrten des Bataillons II./4. würden dann nicht zu verzeichnen sein, viele unnütze Verluste wären erspart worden. Dagegen würden die Franzosen bedeutend größere Verluste erlitten haben, als dies in Wirklichkeit der Fall war.

Klarheit und Einfachheit aller Anordnungen ist der beste Weg für ein erfolgreiches Auftreten im Gefechte. Je tiefer nach unten sich diese Klarheit erstreckt, desto größer wird der Erfolg sein. Daher stets Einheitlichkeit der Befehlsertheilung, Unterstellung aller vereinzelten Truppentheile anderer Verbände unter den höchsten Führer, welcher auf dem betreffenden Theile des Schlachtfeldes anwesend ist, dann aber auch die Verantwortung für alle Maßregeln übernehmen muß.

In unserem Falle wäre übrigens Alles anders gekommen, wenn der Kommandeur der 3. Infanterie-Brigade seinen Vormarsch dem Bataillonskommandeur von I./1. nur einfach mitgetheilt hätte: ja es hätte genügt, der thatsächlich in der Brauerei noch rechtzeitig eingetroffenen Kompagnie 2./4. den Auftrag zu geben, den Vormarsch der ganzen 3. Brigade sofort nach Noisseville zu melden. Im Kriege spielen oft kleine Versäumnisse eine große Rolle, so auch hier. Derartige Versäumnisse sind durchaus erklärlich, oft recht verzeihlich, aber wenn man aus den Thatsachen wirklich lernen will, muß man ohne Furcht die Wahrheit sagen.

B. **Die Vallières-Schlucht.** Wir glauben, daß die Vertheidigung der Vallières-Schlucht sehr einfach und doch recht wirksam gestaltet werden konnte. Die Weinberge lieferten mit ihren Weinpfählen und Drahtzäunen ein kostbares Material für Verhaue. Es konnte nicht schwer fallen, auf etwa 400 m Tiefe die Weinpflanzungen niederzulegen, dadurch freies Schußfeld zu schaffen und das durch Niederlegen der Weinpflanzungen gewonnene Material, in Verbindung mit gefällten Bäumen und herbeigeschleppten Baumästen, zu einem großen Verhau zu verwenden, welcher die ganze Breite der Vallières-Schlucht hätte ausfüllen müssen. Durchlässe für Patrouillen hätten offen bleiben können. Erdanschüttungen hinter dem Verhau würden eine gedeckte Infanteriestellung mit vorzüglicher Feuerwirkung gesichert haben: der Thalgrund selbst konnte durch ein solides Erdwerk gesperrt werden, welches feindliches Artilleriefeuer ja nicht zu fürchten hatte, da die französische Artillerie den Grund fast gar nicht einsehen konnte. Vorwärts dieses großen Verhaues konnten auf beiden Hängen der Schlucht flankirende Erdwerke vorgelegt werden, welche sowohl Feuerwirkung nach der Front, als auch eine vorzügliche Flankenwirkung gehabt haben würden. Ein einziges Bataillon hätte recht gut ausgereicht, um bei solchen Anordnungen die Schlucht für die Franzosen dauernd unnahbar zu machen, solange Noisseville und Servigny von den Preußen behauptet wurden. Wir sind ein großer Freund der Verhaue und haben vor Paris ihre absolute

Zuverlässigkeit (bei zweckmäßiger Anlage) hinreichend erproben können. Werden solche Verhaue mit Drahthindernissen versehen und dann noch sowohl frontal, als von der Flanke aus, wirksam vertheidigt, dann halten wir eine solche Stellung nur in dem Falle für gefährdet, wenn sie entweder von der Flanke her gefaßt werden, oder wenn feindliche Artillerie in geradezu überwältigender Weise Verhau und Vertheidiger zertrümmern kann. Ist Beides ausgeschlossen, dann kann man mit Ruhe selbst einem sehr überlegenen Angriff entgegensehen. Eine Handvoll guter Schützen mit dem Magazingewehr vertheidigt einen solchen Verhau mit dem besten Erfolge, wenn nur freies, für den Angreifer deckungsloses Schußfeld vorhanden ist. Hier können abermals die Pioniere Wunder wirken, aber nur wenn ihre Arbeiten von taktisch geschulten Augen geleitet werden.

C. **Servigny. — Poire.** Der Kampf um Servigny ist von beiden Seiten mit voller Energie durchgeführt worden; Preußen und Franzosen setzten hier ihre ganze Kraft ein. Um so höher ist der Erfolg zu veranschlagen, welchen die Preußen einer unverhältnißmäßigen Uebermacht gegenüber errangen, und zwar besonders auch deshalb, weil die preußische Artillerie wegen der zunehmenden Dunkelheit nur am ersten Theile des Kampfes theilnehmen, später aber gar nicht in Thätigkeit treten konnte. Die Vertheidigungseinrichtungen von Servigny waren keineswegs mustergültig (siehe „Kriegsgeschichtliche Einzelschriften", Heft 8, Seite 236 ff.): um so tüchtiger aber erwiesen sich die Truppen und ihre Führer.

Ueberall tritt die offensive Thätigkeit der Preußen hervor. Der Vorstoß des Oberst v. Vegat läßt die Franzosen gar nicht erst bis in die Höhe von Poire gelangen und wirft den durch einen plötzlichen Gegenangriff offenbar überraschten Gegner auf allen Punkten zurück. Als später der westliche Theil von Servigny verloren gegangen war, erfolgten sofort Offensivstöße der eben geworfenen und kaum gesammelten Vertheidiger. Wir dürfen nicht vergessen, daß es dieselben Truppen waren, welche durch das plötzliche Erscheinen der Division Aymard geworfen, in kürzester Zeit doch wieder im Stande waren, den Feind endgültig zu vertreiben.

Die später vorgehenden preußischen Truppen fanden keinen Widerstand mehr. Die Kompagnien 5., 7. und 8./1., unterstützt von 9., 10./41., haben ganz allein ausgereicht, die weit überlegenen Massen der Franzosen aus dem eroberten Dorftheile wieder zu vertreiben. Nur 9./41. hatte vorher an anderer Stelle gefochten, wie wir wissen.

Gewiß gereicht diese Thatsache den preußischen Truppen zum höchsten Ruhme.

Den Angriffen der Divisionen Cissey und Metman auf Servigny kann man dagegen ein besonderes Lob nicht spenden. Zwei ganze Divisionen wurden eingesetzt, um Servigny und Poixe zu nehmen; trotzdem scheiterten alle Angriffe. Dabei begünstigte das Gelände die Annäherung der Franzosen in hohem Grade. Es kann unmöglich hier Einheitlichkeit in der Anordnung des Angriffs geherrscht haben; dies ist übrigens erklärlich, da die genannten französischen Divisionen zwei verschiedenen Armeekorps angehörten. Man sollte meinen, die weit überlegenen Massen der Franzosen hätten, bei ihrer anerkannten Tapferkeit und bei den ausnahmsweise günstigen Umständen, die wenigen Vertheidiger erdrücken und auch den Gegenangriff des Obersten v. Legat ohne Schwierigkeit zurückweisen müssen. Das Gegentheil davon trat ein. Auch die Mißverständnisse auf preußischer Seite, das Feuern der eigenen Truppen von hinten, brachten den Franzosen zunächst nur die Möglichkeit eines ziemlich leichten Rückzuges, zeitigten aber keineswegs den Entschluß zu neuem, thatkräftigem Vorgehen. Die Truppen des 1. preußischen Armeekorps haben in der That Ursache, auf den 31. August stolz zu sein; sie haben bei Servigny schöne Heldenthaten vollbracht.

Der Angriff der Division Aymard verdient dagegen volles Lob. Man erkannte französischerseits die Lage beim Gegner, man merkte die eingetretenen Mißverständnisse aus dem plötzlichen Aufhören des Feuers und zog aus diesen ausnahmsweise günstigen Umständen sofort den richtigen Nutzen, indem man rücksichtslos angriff, und zwar offenbar mit geschlossenen Massen. Ein entschiedener Erfolg belohnte das richtige taktische Verständniß. Nun aber trat auch bei den Franzosen allgemeine Verwirrung ein, der man nicht Herr zu werden vermochte. Der nationale Leichtsinn mag noch dazu gekommen sein; immerhin bleibt es unerklärlich, daß kurze Zeit nach einem so schönen Erfolge wenige noch dazu nicht annähernd völlig gesammelte preußische Kompagnien und zwar dieselben Kompagnien, welche soeben aus ihren Stellungen vertrieben worden waren, im Stande sein konnten, eine ganze französische Division vom Schauplatze ihres Sieges einfach hinwegzufegen.

Dick de Lonlay führt als Entschuldigung für diese Niederlage an: 1. die ungenügende Besetzung des eroberten Dorftheiles; 2. das Temperament der Franzosen, welches bei Nacht zu einer Panik neige; 3. das angebliche Verstecken preußischer Abtheilungen in den eroberten

Gehöften, aus welchen dieselben plötzlich hervorgebrochen wären (dies ist eine landläufige Entschuldigung der Franzosen für das Eintreten eines plötzlichen Rückschlages; hier ebenso wenig begründet wie irgendwo anders): 4. daß die Maulesel, welche von den französischen Krankenträgern zum Zurückschaffen der Verwundeten benutzt wurden, plötzlich davon gelaufen wären und die Ordnung der Truppen gestört hätten.

Hiervon bleiben nur die beiden ersten Punkte zu Recht bestehen, das Uebrige ist hinfällig.

Die taktischen Bemerkungen im Heft 8 der „Kriegsgeschichtlichen Einzelschriften" sind mit das Vortrefflichste, was wir in dieser Beziehung überhaupt jemals gelesen haben. Dennoch hat unsere schnell fortschreitende Zeit einen Theil dieser Bemerkungen schon heute hinfällig gemacht. Was im Jahre 1887 absolut richtig war, ist heute eben unter Umständen falsch, weil die seit 1887 eingeführten Feuerwaffen einen großen Theil der bisher als vortrefflich angesehenen Deckungen völlig unbrauchbar gemacht haben. Das genannte Heft legt besonderen Werth auf die Vertheidigung fester Gebäude, weniger Werth auf offene Schützengräben. In dieser Beziehung ist seit 1887 ein völliger Umschwung eingetreten. Heute sind feste Gebäude gegenüber den mit Sprengstoffen geladenen modernen Granaten überhaupt nicht mehr zur Besetzung geeignet. Ein massiv gebautes Dorf muß von einer nur leidlich gut schießenden feindlichen Artillerie heute binnen kurzer Zeit in einen einzigen, brennenden und rauchenden Trümmerhaufen verwandelt werden können, falls die Artillerie das Dorf überhaupt sehen kann. In einem solchen Dorfe befindliche Truppen würden nur unnützen Verlusten ausgesetzt sein. Mauern bieten heute selbst gegen Gewehrfeuer nur dann Deckung, wenn sie entweder besonders dick oder mit einer Erdvorlage von wenigstens 75 cm Dicke versehen sind. Daß derartige Mauern von der heutigen Artillerie spielend niedergelegt werden, falls sie der Artillerie überhaupt nur sichtbar sind, bedarf kaum der Erwähnung. Der kolossale Umschwung, welchen die modernen Feuerwaffen im Gebiete der Deckungen hervorgerufen haben, wird bei uns anscheinend noch lange nicht genug gewürdigt. Und doch muß man eben mit der Thatsache rechnen, daß alles bisher auf diesem Gebiete gültig Gewesene jetzt völlig über den Haufen geworfen ist. Mehr als jemals tritt heute der Schützengraben in den Vordergrund, und zwar am besten ein Schützengraben, den der Feind als solchen nicht zu erkennen vermag.

Vertheidigungsstellungen, wie es die von Jaillo—Poixe—Servigny—Noisseville waren, können heute nur durch die Pioniere, und zwar nach einem einheitlichen Plane hergestellt werden, sonst haben sie überhaupt keinen Werth. Die Wichtigkeit der Pioniere ist daher bedeutend gestiegen, dies wird hoffentlich immer mehr erkannt und auch in organisatorischer Beziehung zum Ausdruck gebracht werden.

Selbstredend spielt auch heute das Gelände die entscheidende Rolle. Liegt also innerhalb einer Vertheidigungsstellung ein massives Dorf so, daß es die feindliche Artillerie überhaupt nicht sehen kann, dann wird sich auch heute noch eine sehr wirksame Vertheidigung eines solchen Dorfes gegen feindliche Infanterie erzielen lassen. Wird aber ein Dorf von der feindlichen Artillerie gesehen, dann ist es besser, keinen Mann Besatzung hinein zu legen und der feindlichen Artillerie das Dorf ruhig als Zielobjekt en pure perte zu überlassen. Um dies zu erreichen, wird man sogar gut thun, den Feind zu täuschen, indem man anfänglich Mannschaften innerhalb der Dorfumfassung zeigt und dadurch den Feind zu einer Beschießung des Dorfes veranlaßt. Selbstredend müssen diese Mannschaften bei der ersten einschlagenden Granate verschwinden; dann wird man die feindliche Artillerie zu zweckloser Munitionsvergeudung veranlassen und sich selbst große Verluste ersparen.

Heute würde man die ganze Stellung Jaillo—Poixe—Servigny—Noisseville nur durch Schützengräben und Batterie-Einschnitte vertheidigen. Diese Schützengräben müßten allerdings sehr geschickt angelegt und durchaus vor Flankirung gesichert werden. Hier kann sich bei den Pionieren der richtige taktische Blick zeigen: die Pioniere können eine solche Vertheidigungsstellung nahezu unüberwindlich machen, sie können aber auch eine solche Stellung so fehlerhaft anlegen, daß sie vom Feinde beim ersten ernsten Angriffe genommen wird. Mehr als zu irgend einer früheren Zeit muß der Pionieroffizier Taktiker sein, er wird aber, selbst wenn er diese Bedingung erfüllt, nur dann im Großen gute Dienste leisten, wenn er Hand in Hand mit dem Generalstabe arbeitet und von letzterem seine Weisungen empfängt.

Wenn nun auch die taktischen Bemerkungen der „Kriegsgeschichtlichen Einzelschriften" in Bezug auf die Vertheidigungsfähigkeit von massiven Gebäuden und Dörfern heute nicht mehr zeitgemäß sind, so haben dafür alle anderen Bemerkungen jenes Heftes ihre Gültigkeit auch heute noch in desto höherem Grade behalten. Besonders schön ist das, was über die Munitionsversorgung und die einheitliche Gefechtsleitung gesagt wird. Nur muß die Munitionsversorgung nicht mehr für eine

Dorfbesatzung, sondern für die Besatzung der Schützengräben bereit gestellt werden. Ebenso maßgebend sind auch heute noch die Bemerkungen der „Kriegsgeschichtlichen Einzelschriften" über abschnittsweise Gliederung einer Vertheidigungsstellung und über das rechtzeitige Einsetzen eines Gegenangriffs.

Die Beigabe genügender Kavalleriepatrouillen an die Infanterieabtheilungen erscheint unerläßlich. Hier macht sich die Reiterei ungleich besser bezahlt, als wenn sie schwadrons- oder regimenterweise noch so heldenmüthig im feindlichen Feuer aushält, ohne doch attackiren zu können, wie dies am 31. August der Fall war.

Eine ausreichende Orientirung womöglich aller Offiziere über die Absichten der höheren Führung ist ebenso wichtig. Mindestens muß jeder Bataillonskommandeur genau wissen, was der höchste Befehlshaber der Vertheidigungsstellung überhaupt thun will. Seine Sache ist es dann, seine Kompagnieführer und Lieutenants darüber zu unterrichten. Das Interesse Aller wird dadurch erhöht; Mancher, der bei gänzlicher Ungewißheit der Lage sorgenvoll nach rückwärts sehen würde, weil er befürchtet, abgeschnitten zu werden und in Gefangenschaft zu gerathen, wird vertrauensvoll nach vorn schauen, wenn er weiß, daß ihm unter allen Umständen rechtzeitig Verstärkung zu Theil werden wird. Das sind die Vortheile der Defensive, man soll sie daher auch ganz und voll ausnutzen.

D. **Stärkeverhältnisse bei Servigny—Poize.** Wir werden gut thun, hier auch diejenigen Truppen mitzurechnen, welche zwar auf dem Kampfplatze anwesend waren, jedoch am Kampfe selbst nur geringen Antheil genommen haben, weil die französischen Berichte nicht genau erkennen lassen, welche Truppentheile wirklich ernsthaft am Kampfe theilgenommen haben. Wir erhalten dann folgendes Bild:

Preußen.

5. 7. 8./1.	=	690 Gewehre
Regiment Nr. 41 ohne 1. 12./41. . .	=	2 220 =
2 Kompagnien des 1. Jäger-Bataillons	=	310
II. und F./3.	=	1 440
Regiment Nr. 43 ohne 1. 4. 43. .	=	1 690 =
10 Kompagnien Landwehr	=	1 700 =
Zusammen	=	8 050 Gewehre.

Franzosen.

Division Metman ohne Jägerbataillon
Nr. 7 und ohne die Hälfte der Brigade   = 4 800 Gewehre
Arnaudeau (Regimenter Nr. 50, 71.)
Division Aymard . . . . = 7 200 »
   »   Cissey . . . . = 5 450 »
Von der Division Grenier Regiment Nr. 43
und 2 Bataillone des Regiments Nr. 98   = 2 300 »
Division Lorencez . . . . . . = 6 550 »

Zusammen = 26 300 Gewehre.

Ernsthaft kamen auf beiden Seiten bei Weitem nicht alle diese Truppen ins Gefecht. So erlitten z. B. auf preußischer Seite, von den oben aufgeführten Truppen, die folgenden Abtheilungen nachstehende Verluste:

2. 3. 4. 5. 6./41 = 1 110 Gewehre, verloren — Offiziere 4 Mann.
2 Jäger-Kompg. =   310   »   »   1   » 4 »
F./3. . . . . =   720   »   »   —   » 6 »
II./43. . . . =   680   »   »   1   » 6 »
10 Landw.-Kpg. = 1 700   »   »   —   » — »

Zusammen 4 520 Gewehre verloren 2 Offiziere, 20 Mann
= 0,44 pCt. der Gefechtsstärke.

Es hat also die eigentliche Last des Kampfes auf rund 3500 Gewehren der Preußen geruht, welche 323 Mann verloren = rund 9¼ pCt. der Gefechtsstärke.

Französischerseits haben ernsthaft gefochten etwa rund:

4 800 Gewehre der Division Metman
3 300   »   »   »   Aymard
3 500   »   »   »   Cissey
 900   »   »   »   Grenier
1 000   »   »   »   Lorencez

Zusammen 13 500 Gewehre, welche etwa 1900 Mann verloren = rund 14 pCt. der Gefechtsstärke.

Die Brauchbarkeit des Zündnadelgewehres in der Defensive auf nahe Entfernungen wird durch diese Verlustzahlen wieder einmal scharf beleuchtet.

Beiderseits konnte die Artillerie wegen der zunehmenden Dunkelheit nur in den ersten Stadien der Angriffe mitwirken, später focht auf beiden

Seiten die Infanterie ganz allein. Es haben also 3500 Gewehre der Preußen die todesmuthigen Angriffe von 13 500 Gewehren der Franzosen siegreich zurückgewiesen und dabei dem geschlagenen Gegner einen beinahe um das Sechsfache größeren Verlust beigebracht, als sie selbst erlitten. Diese Bilanz spricht ganz außerordentlich für die Tapferkeit und die Tüchtigkeit der preußischen Infanterie.

Der Kampf um Failly.

Auf der Höhe nördlich von Failly standen am Morgen des 31. August die Kompagnien 9. 10. 1; fünf Halbzüge von 10./1. befanden sich in Schützengräben vorwärts des Verhaues, welcher sich von Failly bis über den von Villers l'Orme kommenden Feldweg hinaus quer über den Höhenzug erstreckte; der letzte Halbzug von 10./1. stand geschlossen dahinter. 9. 1. hatte einen Zug gleichfalls in einem vorwärts dieses Verhaues, an dem eben genannten Feldwege liegenden, Schützengraben, die beiden anderen Züge hinter dem Verhau.

Im Dorfe selbst befand sich die Kompagnie 11./1. und zwar mit einem Zuge an der am Westausgange befindlichen ersten Barrikade bezw. hinter der unmittelbar daranstoßenden Gartenmauer nördlich und in dem Gebäude südlich des Westausgangs; ein Zug hatte seine Stellung hinter der auf 50 m dahinter angelegten zweiten Barrikade, welche aus Fässern bestand und nur zur Aufnahme von Unterstützungstrupps bestimmt war; der letzte Zug hatte einen Schützengraben besetzt, welcher von dem Westausgange des Dorfes bis zu dem Feldwege führte, der sich von der Chaussee nach Bouzonville abzweigt und in Gestalt eines Hohlweges Failly erreicht. Der eben genannte Schützengraben erhielt in einem stumpfen Winkel Anschluß an einen zweiten Schützengraben, welcher bis zur Chaussee nach Bouzonville reichte und durch drei Halbzüge von 12./1. besetzt war. In gerader Linie wurde letzterer Schützengraben durch einen Verhau in nordwestlicher Richtung, also den Abhang hinab verlängert; hier stand ein Halbzug von 12./1., während der letzte Zug dieser Kompagnie an der Straße Villers l'Orme —Failly sich als Feldwache befand.

Die Entfernungen von 400 und 600 Schritt waren am 29. August auf Befehl des Divisionskommandeurs durch mit Stroh umwickelte Weinpfähle bezeichnet worden.

Das Dorf Failly lag zur Vertheidigung sehr ungünstig im Grunde und wurde südlich, von der Chaussee von Bouzonville aus, auf nur

300 m Entfernung um 50 m, von der nördlich des Dorfes gelegenen Höhe vorwärts des Verhaues um etwa 10 m überhöht, hier bei einer Entfernung von etwa 350 m; auf beiden Seiten also in wirksamster Schußweite. Der im Grunde fließende Bach war vollkommen ausgetrocknet. In Bezug auf die Zweckmäßigkeit der Vertheidigungsanlagen verweisen wir auf die ausgezeichnete Darstellung des Kampfes um Failly in den „Kriegsgeschichtlichen Einzelschriften", Heft 8.

Wir wissen, daß etwa um 4 Uhr Nachmittags die Franzosen das Artilleriefeuer gegen die preußischen Stellungen begannen, und die preußische Artillerie alsbald vorwärts der Linie Poix—Servigny den Kampf erfolgreich aufnahm. Um diese Zeit befand sich 1. 41. theilweise in nächster Nähe des rechten Flügels der preußischen Batterien und war dem feindlichen Granatfeuer so ausgesetzt, daß sie in der Richtung auf den Südausgang von Failly zurückging; später sogar noch weiter bis in die Höhe von Poix, woselbst sie an der Chaussée stehen blieb, also weit rückwärts des nunmehr zum Kampffelde werdenden Geländes.

Gegen 7½ Uhr Abends gingen von Villers l'Orme her französische Truppenmassen vor. Wir glauben nicht, daß diese ersten Angreifer dem 6. französischen Armeekorps angehört haben, eine Ansicht, die durch die Angaben Dick de Lonlay's bestätigt wird. Man hat Todte des 1. französischen Regiments vor Failly gefunden, also von der Division Lissey; Dick de Lonlay erwähnt ausdrücklich, daß das 5. französische Jägerbataillon in der Richtung auf Failly vorgegangen ist, und daß einige Kompagnien des Regiments Nr. 57 diesem Angriffe sich anschlossen; ebenso hat ein Bataillon Regiments Nr. 98 die Richtung auf Failly eingeschlagen. Allerdings scheinen diese Abtheilungen des 4. französischen Armeekorps ihre Angriffe hauptsächlich gegen die Höhe südlich von Failly, also gegen 12./1. gerichtet zu haben, weniger gegen das Dorf selbst. Wir erwähnen dies ausdrücklich, weil sonst die Leistungen der tapferen Vertheidiger, angesichts der überaus geringen Verluste des 6. französischen Armeekorps am 31. August, wesentlich zusammenschrumpfen würden.

Zunächst mußte die von 12./1. vorgeschobene Feldwache zurückgehen und nahm auf dem rechten Flügel ihrer Kompagnie Stellung. Der linke Flügel von 12./1. beschoß erfolgreich ein französisches Bataillon, welches von Poix her abgewiesen worden war und nun vor dem Flankenfeuer der Preußen eiligst zurückwich (jedenfalls ein Bataillon des 4. Armeekorps). Während nun der Andrang der Franzosen gegen die Front von 12./1. durch Schnellfeuer noch aufgehalten werden konnte, drang das 5. Jäger-Bataillon (es hatte übrigens nur drei Kompagnien zur Stelle) von der Höhe südlich Failly aus mit halblinks gegen die Flanke von 12./1. vor, rollte diese Kompagnie auf und warf sie in den Hohlweg hinein. Demnächst zwang dieser Flankenstoß der französischen Jäger auch den Schützenzug von 11./1. dazu, seinen Schützengraben zu räumen. Auch die Besatzung des Westausganges von Failly mußte vor dem Flanken- und theilweise sogar Rückenfeuer der siegreichen Franzosen bis hinter die zweite Barrikade zurückgehen.

Erst um diese Zeit scheint das Regiment Nr. 4 der Division Tixier 6. Armeekorps in den Kampf eingegriffen zu haben. Indessen kann der Kampf dieses Regiments unmöglich besonders hartnäckig gewesen sein, da dasselbe angeblich nur 2 Offiziere, 33 Mann verloren hat.

Die Kompagnie 11./1., bei welcher Hauptmann v. Gersdorff gleich anfangs gefallen war, vertheidigte sich unter Lieutenant v. Auer mit glänzender Tapferkeit, obschon sie auf beiden Seiten umfaßt wurde. Die Besatzung der zweiten Barrikade soll sieben Angriffe zurückgewiesen haben: Dick de Lonlay spricht nur von einem einzigen Angriffe und behauptet, ein Sergeant habe mit einigen entschlossenen Mannschaften wiederholt versucht, auf der Hauptstraße gegen die Barrikade Nr. 2 vorzudringen; ebenso sei ein Offizier mit einigen Mannschaften bis an den östlichen Rand der Dorfumfassung vorgedrungen und erst auf Befehl von dort wieder zurückgegangen. Wir möchten in Anbetracht der geringen Verluste des 4. französischen Regiments diese Lesart für so ziemlich richtig halten; besonders da auch die preußischen Berichte ausdrücklich erwähnen, daß die Flanken der schmalen Westfront des Dorfes niemals angegriffen wurden, obschon die Franzosen hier unmittelbar gegenüber lagen, angeblich sogar auf 30 Schritt Entfernung. Das heldenmüthige Verhalten des Lieutenants v. Auer verliert dadurch nichts an Werth, denn er war mit seiner Handvoll Mannschaften erwiesenermaßen auf beiden Seiten umfaßt, steckte geradezu in einer Mausefalle, die nur zugemacht zu werden brauchte, und harrte trotzdem unerschütterlich aus.

Endlich schlug diesen Tapferen um 10 Uhr Abends die Stunde der Erlösung. Die verfügbaren neun Bataillone Landwehr der 3. Reserve-Division waren um 7 Uhr Abends auf der Höhe von St. Barbe versammelt worden und gingen dann bis zur Einmündung des Weges nach Prémy in die Chaussee nach Bouzonville vor. Als nun die unrichtige Meldung hier eintraf, daß Failly verloren gegangen sei, erhielt Oberst v. Brandenstein den Befehl, das Dorf mit den Bataillonen

Minstau und Posen wieder zu nehmen. Diese beiden Bataillone gingen über Preuau auf Failly vor; erst kurz vor dem Dorfe erfuhren sie, daß 11./1. noch immer sich darin behaupte. Beide Bataillone verstärkten demnächst die Besatzung von Failly, ohne jedoch noch ernstlich ins Gefecht zu kommen. Auch die von den Franzosen eroberten, aber wieder geräumten Schützengräben wurden aufs Neue besetzt. Etwas später trafen auch noch das Bataillon Freistadt und zwei Kompagnien des Bataillons Samter bei Failly ein; jedoch rückte das Bataillon Freistadt demnächst nach Servigny ab.

Ehe wir die Besetzung der Stellung von Failly eingehend betrachten, müssen wir die Ereignisse bei 9. und 10./1. kennen lernen. Auf der Höhe nördlich von Failly hatten nämlich diese beiden Kompagnien gleichfalls vor den Franzosen zurückgehen müssen. Hier waren vier Kompagnien von 1./12. und die Partisankompagnien der Regimenter Nr. 12 und 100 etwas weiter nördlich der von 9. 10./1. besetzten Stellung vorgegangen und hatten, da sie keine Preußen vor sich fanden, ihre Erkundungsabtheilungen bis zum Bois de Failly vorgetrieben. Erst bei voller Dunkelheit gingen diese französischen Kompagnien zurück.

Während nun durch das Vorgehen dieser französischen Abtheilungen die rechte Flanke von 9. 10./1. gefährdet wurde, erhielt 10./1. auch Flankenfeuer von der Höhe südlich des Grundes, während gleichzeitig das 4. französische Regiment gegen Failly vorging und die Kompagnie 12./1. durch Truppen des 4. französischen Armeekorps völlig überrannt wurde. 10./1. gab daher zuerst den vorderen, dann auch den hinteren Schützengraben auf und zog sich hinter den Verhau zurück. Dieser Rückzug zwang auch 9./1. zum Abzuge, da die Franzosen die soeben von 10./1. verlassene Stellung sofort besetzten. 9./1. zog daher ihren vorgeschobenen Zug gleichfalls ein und besetzte nördlich des Kirchhofs zum Schutze der rechten Flanke einen von Gräben eingefaßten Feldweg. Als später die irrthümliche Meldung einlief, daß Failly von den Franzosen besetzt sei, zogen beide Kompagnien nach dem Grunde ab, rückten aber später mit der Landwehr wieder vor. Es wird gut sein, zur Beurtheilung der Kampfesleistungen die Verluste der einzelnen Kompagnien hier anzuführen.

Die Kompagnie 9./1. verlor   1 Mann
    =   =   10./1. =   5 =
    =   =   11./1. =   2 Offiziere, 7 =
    =   =   12./1. =   2 = 17 =

Das Bataillon F./1. verlor 4 Offiziere, 30 Mann.

Sämmtliche bei Failly thätig gewesenen Landwehrbataillone verloren 1 Offizier, 1 Arzt und 1 Mann.

Hieraus erhellt, daß die Last des Kampfes ausschließlich von 11. und 12./1. getragen wurde und daß die Kompagnie 12./1. weitaus die größten Verluste erlitt, welche aber auch hier nur 7,39 pCt. der Gefechtsstärke betrugen. Besonders ernst war also offenbar der Kampf um Failly am 31. August nicht. Wir werden sehen, daß er sich weit ernster am 1. September gestaltete.

Die Besetzung von Failly nach dem Eintreffen der Landwehr wurde folgendermaßen geregelt:

Das Bataillon Muslau besetzte mit der 7. Kompagnie die nördliche, mit der 8. Kompagnie die südliche Dorfumfassung; die 5. Kompagnie sicherte den Verhau, welcher zum Kirchhofe nördlich des Dorfes führte, während die 6. Kompagnie in den Weinbergen südlich des Dorfes verblieb. Das Bataillon Posen besetzte mit der 10. und zwei Zügen der 12. Kompagnie den Schützengraben südwestlich des Dorfes. Die 11. Kompagnie verblieb am Ostausgange; zwei Züge der 9. Kompagnie nahmen auf dem bei der Kirche gelegenen Kirchhofe Stellung, während je ein Zug der 9. und 12. Kompagnie die 5. Kompagnie verstärkten.

Von dem Bataillon F./1. behielt 11./1. ihre bisher siegreich behauptete Stellung; 10./1. rückte nach der Dorfstraße; 9. 1. nahm am Kirchhofe nördlich des Dorfes Stellung, in dessen Nähe auch die beiden Kompagnien des Bataillons Samter verblieben. Die Kompagnie 12./1. war zersprengt worden; Theile derselben waren unter zwei Offizieren im Dorfe geblieben und hatten hier theils das Gefecht an der zweiten Barrikade mitgemacht, theils den im Innern gelegenen Kirchhof besetzt; der Rest der Kompagnie wurde erst rückwärts von Failly gesammelt und durch Eintreffen anderer versprengter Mannschaften auf 160 Mann gebracht, welche schließlich zwischen Brémy und der Chaussee nach Bouzonville biwakirten. Uebrigens waren auch 20 Mann der Kompagnie 1./41. nach Failly hinein gerathen und hatten sich hier an Theile von 12./1. angeschlossen. Man sieht hier, wie bei Mouton, welchen unheimlich zersetzenden Einfluß ein ungünstiges Gefecht hat, selbst wenn es nur vorübergehend ungünstig ist, wie dies ja hier bei Failly der Fall war. Eine energische Verfolgung durch den siegreichen Gegner bringt den bei Weitem größten Theil dieser „Versprengten" als „unverwundete Gefangene" in die Hände des Siegers. Seien wir also nicht zu stolz, auch bei uns könnten einmal, im Falle einer Niederlage, unerwartet zahlreiche unverwundete Gefangene in die Hände des Siegers fallen.

Für die Nacht war der Besitz von Failly nunmehr ausreichend gesichert. Es standen hier 3 Kompagnien von F./1.: Versprengte von 12./1. und von I.-41.; 10 Kompagnien Landwehr. In Bezug auf taktische Bemerkungen verweisen wir auf Heft 8 der „Kriegsgeschichtlichen Einzelschriften", Seite 219 ff. Was hier gesagt wird, ist einfach mustergültig. Wären die Franzosen geschickt geführt und einheitlich geleitet worden, dann mußte Failly viel leichter von ihnen erobert werden, als dies bei Noisseville und der dortigen Brauerei thatsächlich der Fall gewesen ist. Die Vertheidigungsstellung der 1. Infanterie-Division war dann von beiden Flanken her umfaßt und mußte fallen, wenn die Franzosen einigermaßen geschickt operirt hätten.

Auf preußischer Seite waren die Vertheidigungseinrichtungen sehr mangelhaft und nicht mit dem wünschenswerthen taktischen Verständniß angelegt worden. Die Tapferkeit der Truppen und der unbeugsame Wille der höheren Führung, unter allen Umständen sich zu behaupten, machten die begangenen Fehler wieder gut. Es läßt sich aber nicht leugnen, daß das große Ungeschick der französischen Führer hier den Preußen sehr wesentlichen Vorschub geleistet hat. Bei geschickter Führung der Franzosen würde der größte Heldenmuth der Preußen nicht im Stande gewesen sein, die Ungunst des Geländes und die Folgen der sehr mangelhaften Vertheidigungseinrichtungen glücklich zu überwinden.

Die „Kriegsgeschichtlichen Einzelschriften" heben mit Recht hervor, wie das standhafte Ausharren der Kompagnie 11./1. wesentlich dadurch erleichtert wurde, daß zu beiden Seiten ihrer Stellung Gebäude lagen, welche die Preußen vor der Einwirkung des französischen Gewehrfeuers schützten. Es wird hier betont, daß das Umfaßtwerden für eine in festen Gebäuden eingenistete oder durch solche wenigstens nach den Seiten hin gedeckte Truppe viel weniger Bedeutung hat als für eine im offenen und vollständig eingesehenen Schützengraben stehende Abtheilung. In Zukunft wird nun aber die überwältigende Wirkung des feindlichen Artilleriefeuers ein derartiges Ausnutzen massiver Gebäude entweder ganz verbieten oder doch wenigstens bis auf ein unzulängliches Maß hinabdrücken. Es muß also anderweitig Abhülfe geschaffen werden. Wir sind nun einmal in Zukunft auf Erddeckungen angewiesen. Sache der Technik ist es, die Schützengräben so anzulegen, daß sie weder flankirt, noch eingesehen werden können. Zu diesem Zweck wird man die Schützengräben häufig brechen müssen; auch werden Traversen sich schwerlich vermeiden lassen. Sache der Pioniere ist es, das Alles so geschickt herzurichten, daß der Feind, wenn möglich, trotzdem den Schützengraben gar nicht oder doch wenigstens nicht aus weiter Entfernung als solchen erkennen kann. Die Technik leistet heute so ziemlich Alles, was vernünftigerweise von ihr verlangt werden kann. Man muß ihr nur die nöthige Zeit dazu lassen und die nothwendigen Arbeitskräfte reichlich bemessen: in unserem Falle aber müssen die Leiter vor allen Dingen taktischen Blick haben. Der Pionieroffizier wird also in Zukunft bei vorbereiteten Vertheidigungsstellungen eine entscheidende Rolle spielen; er muß mithin den Gang des Infanteriegefechts, die Wirkung der modernen Geschütze und Gewehre durchaus beherrschen, d. h. er muß nicht bloß ein tüchtiger Pionieroffizier, sondern ein ebenso tüchtiger Infanterieoffizier sein und die neuere Kriegsgeschichte gründlich studirt haben. Wohl uns, wenn wir im nächsten Kriege diese Bedingungen erfüllen können.

Ereignisse bei Malroy und Rupigny.

Als die 3. Landwehr-Division nach St. Barbe abmarschirt war, blieb die Stellung Malroy—Charly nur schwach besetzt, nämlich durch die Regimenter Nr. 19 und 81, eine Schwadron und fünf Batterien. Jedoch wurde die Landwehr alsbald durch die hessische Division ersetzt, so daß eine Gefahr nicht mehr vorlag. Auch blieb das 6. französische Armeekorps dauernd unthätig vor der Front der genannten Stellung.

Wir wissen bereits, daß zwei Batterien der 3. Reserve-Division erfolgreichen Antheil an der Bekämpfung der französischen Artillerie nahmen. Das 6. französische Armeekorps sollte bekanntlich den erhofften Erfolg des 3. und 4. Armeekorps abwarten, und da ein solcher nur in geringem Umfange erkennbar wurde, übrigens auch nur bei Noisseville—Montoy—Coincy thatsächlich eintrat, begnügte sich Marschall Canrobert damit, zunächst gar nichts zu thun. Als sich endlich, spät genug, das 6. Armeekorps zum Angriff entwickelte, erhielt die Division Tixier den Befehl, nicht gegen Charly, sondern vielmehr gegen Failly sich zu wenden. Wie matt dies ausgeführt wurde, wissen wir bereits. Eine 12 Pfünder-Batterie des 6. Armeekorps, Nr. 9./13., nahm von Anfang an Theil am Artilleriekampfe; die andere 12 Pfünder-Batterie, Nr. 10./13., beschoß gegen 8 Uhr Abends Rupigny, angeblich aber nur mit 18 Granaten. Im Uebrigen gingen nur schwache französische Abtheilungen gegen Rupigny vor, nämlich die Partisankompagnien des 4. und 12. Regiments, sowie die 6. Kompagnie des 1. Bataillons des Regiments Nr. 4. Die Franzosen wollen bis auf 100 m an Rupigny herangekommen sein, welches von II./81. besetzt war, erhielten aber hier heftiges Feuer und gingen wieder zurück. Die beiden Kompagnien des 4. Regiments sollen hierbei 2 Offiziere, 10 Mann verloren haben. Der Kampf ist also jedenfalls nicht sehr ernsthaft gewesen, was auch mit den preußischen Berichten übereinstimmt. Die 36 Geschütze der 3. Reserve = Division verbrauchten am 31. August zusammen nur 229 Granaten, während die überhaupt zum Feuern gelangten 72 Geschütze des 1. Armeekorps nicht weniger als 4860 Granaten und 29 Kartätschen verbrauchten.

Thätigkeit der höchsten Führer der Deutschen am 31. August.

Prinz Friedrich Karl begab sich schon um 10½ Uhr früh nach dem Horimont bei Föves, von wo er einen herrlichen Ueberblick über das Schlachtfeld hatte. Schon vorher hatte er, wie wir wissen, für die Armeekorps Nr. 2. 3. 9. und für die 1. Kavallerie=Division die der Kriegslage entsprechenden Befehle erlassen. Auf dem Horimont blieb der Prinz den ganzen Tag über bis nach 9 Uhr Abends und beobachtete fortdauernd selbst den Verlauf der Ereignisse. In echter Hohenzollernart wollte Prinz Friedrich Karl den Ruhm, die Schlacht von Noisseville siegreich durchgefochten zu haben, dem General v. Manteuffel allein überlassen. Nur dann wollte er persönlich eingreifen, wenn den Franzosen der Durchbruch gelingen sollte. In diesem Falle beabsichtigte der Prinz, sich mit dem 2. und 3. Armee=korps und der 1. Kavallerie=Division den Franzosen an der Stelle entgegenzuwerfen, wo sie nach gelungenem Durchbruch den Versuch machen würden, die Mosel zu überschreiten. Dies ist auch der Grund, welcher ein Hinüberführen der genannten Truppentheile auf das rechte Moselufer verhindert hat.

Unablässig sorgte der Prinz dafür, daß dem General v. Man=teuffel die zur Abwehr der französischen Angriffe nothwendigen Truppen rechtzeitig überwiesen wurden. Um 6½ Uhr Abends schrieb er an General v. Manteuffel: „Nach genauen diesseitigen Beobachtungen hat der Feind den größten Theil seiner Kräfte unter St. Julien nach dem rechten Ufer defiliren lassen. Die von hier aus beobachtete Heftig=keit des Gefechts steht hiermit nicht im Verhältniß.

„Sollte der Feind die Fortsetzung des Gefechts für morgen beab=sichtigen, so könnte er gegen Euer Excellenz linken Flügel seinen Haupt=stoß richten. Falls dies von Euer Excellenz angenommen wird, stelle ich anheim, die 25. Division von Antillo hinter den linken Flügel noch

heute heranzuziehen und mir dies telegraphisch und durch Ordonnanz=
offizier zu melden. Ich dirigire dann bis morgen früh 6 Uhr den
übrigen Theil des 9. Armeekorps nach Antilly."

Um 7½ Uhr Abends schrieb der Prinz an den General v. Man=
stein: „Das Gefecht gegen General v. Manteuffel in der Linie
Failly—Noisseville ist jetzt noch sehr lebhaft, scheint aber auf der Stelle
zu bleiben. Jedenfalls bedarf General v. Manteuffel morgen ganz
früh der Unterstützung bei erneuertem Angriff. Euer Excellenz sollen
deshalb mit dem übrigen Theil des 9. Korps unter Mitnahme der
Munitionskolonnen und Zurücklassung des Trains sich mittelst Nacht=
marsches über Marange—Hauconcourt nach St. Barbe begeben und
dem General v. Manteuffel Ihr Eintreffen melden."

Noch immer vermochte man die weißen Dampflinien der beiden
feindlichen Fronten Bauy—Nouilly und Failly—Servigny genau zu
unterscheiden. Als es stärker dunkelte, gewahrte man das Aufblitzen
des Gewehrfeuers und konnte an den einzelnen Feuergruppen die
Stellen erkennen, wo die angegriffenen Dörfer lagen. Auch gegen die
Front der 3. Reserve=Division dehnte sich das Feuer aus. Das Ge=
fecht blieb aber auch jetzt noch auf derselben Stelle stehen, und gegen
9 Uhr Abends schien es beendet. Der Prinz sandte telegraphisch dem
General v. Manteuffel und seinen Truppen den Glückwunsch zu der
bewiesenen standhaften und erfolgreichen Ausdauer, auch schrieb er per=
sönlich an den siegreichen General. Demnächst begab er sich in sein
Hauptquartier Malancourt zurück. Auf dem Wege dorthin begegnete
das Oberkommando den Kolonnen des 9. Armeekorps, die sich nach
dem rechten Moselufer hin in Bewegung gesetzt hatten. (Frhr. v. d. Goltz,
die Operationen der 2. Armee. Theil 1, Seite 213.)

Man wird sagen dürfen, daß das Verhalten des Prinzen
Friedrich Karl mustergültig war, sowohl vom Standpunkte des Feld=
herrn aus, als von dem Standpunkte eines ritterlichen Prinzen des
Hohenzollernhauses. Prinz Friedrich Karl war eben ein echter und
rechter Feldherr von Gottes Gnaden und zugleich ein Ritter, seine
Verdienste werden in einer späteren Zeit zweifellos noch höher gestellt
werden, als dies bis jetzt der Fall gewesen ist.

General v. Steinmetz befahl seinerseits, daß die 3. Kavallerie=
Division zur Unterstützung des 1. Armeekorps abmarschiren solle.
Indessen hatte sich diese Division, den früher erlassenen allgemeinen
Weisungen entsprechend, bereits aus eigenem Entschlusse nach dem
Schlachtfelde in Marsch gesetzt, ebenso die 28. Infanterie=Brigade.

Gegen 11 Uhr begab sich General v. Steinmetz zu dem Beobachtungsposten von St. Blaise, von wo aus sich ebenfalls ein weites Beobachtungsfeld ergab. Dann ritt der General über Marly nach Pouilly und kehrte um 3 Uhr Nachmittags nach seinem Hauptquartier Jouy aux Arches zurück, da überall tiefe Ruhe herrschte. Eine Stunde später begann die Schlacht. Prinz Friedrich Karl blieb trotz der Ruhe und trotz der Erfahrungen vom 26. August auf dem Horimont; er war aber auch ein Feldherr.

Um 5$\frac{1}{2}$ Uhr erhielt General v. Steinmetz von St. Blaise aus die falsche Meldung, daß sämmtliche französischen Truppen nach Metz zurückkehrten. Von der Höhe bei Jussy traf aber um 7 Uhr Abends die Meldung ein, daß seit 4$\frac{1}{2}$ Uhr heftiges Geschützfeuer in nordöstlicher Richtung hörbar sei. General v. Steinmetz befahl nun der 28. Infanterie-Brigade, so lange bei Courcelles bezw. bei Laquenexy zu verbleiben, als die Franzosen gegenüber dem 1. Armeecorps in Stellung bleiben würden; die Brigade sollte aber nur im Nothfalle das 1. Armeecorps unterstützen. Für den Fall, daß die Franzosen nach Metz abrücken würden, sollte die 28. Infanterie-Brigade wieder nach Pouilly zurückkehren. Die 3. Kavallerie-Division wurde angewiesen, wieder in ihre alten Stellungen abzurücken, was jedoch erst am 1. September früh 3$\frac{1}{2}$ Uhr ausgeführt wurde.

General v. Steinmetz hatte am 18. August erwiesen, daß seine Begabung zum Feldherrn nicht ausreichte. Er nahm seither eine Zwitterstellung ein, indem er zwar den Oberbefehl über die 1. Armee behielt, im Uebrigen aber dem Prinzen Friedrich Karl unterstellt war. Außerdem waren das 1. Armeecorps, die 3. Reserve-Division und die 3. Kavallerie-Division unter den direkten Befehl des Generals v. Manteuffel gestellt; es blieben also dem General v. Steinmetz nur das 7. und 8. Armeecorps und auch dies nur unter Vorbehalt. Keine beneidenswerthe Stellung!

Unter diesen Umständen hat denn auch General v. Steinmetz am 31. August keine besonders erfolgreiche Thätigkeit entwickelt. Ohne jede Frage konnten seitens des 7. Armeecorps stärkere Kräfte nach Courcelles entsendet und dadurch die ganze 2. Infanterie-Division zu anderweitiger Verwendung frei gemacht werden. Wir erachten es aber als eine Pflicht der Pietät, dafür den General v. Steinmetz nicht so ohne Weiteres verantwortlich zu machen. Nur ein Offizier, welcher über die Beziehungen der beiden Hauptquartiere der 1. und 2. Armee wirklich vorzüglich unterrichtet ist (und das kann nur ein Mitglied eines dieser Stäbe sein), darf es wagen, kritisch über diese Dinge zu urtheilen. Für uns genügt die Thatsache, daß die Franzosen von 8 Uhr früh bis 4 Uhr Nachmittags den Preußen Zeit ließen, den linken Flügel des 1. Armeekorps sehr kräftig zu unterstützen, und daß diese Zeit, abgesehen von der aus eigener Initiative herbeigeeilten 28. Infanterie-Brigade, nicht benutzt wurde.

Ein sehr erfreuliches Bild bietet dem Kritiker das Verhalten des Generals v. Manteuffel dar, des eigentlichen Oberbefehlshabers aller in der Schlacht von Noisseville fechtenden, preußischen Truppen. Dieser General erfuhr alle Vorgänge bei den Franzosen sehr früh, er meldete sie ebenfalls sehr früh und ließ gleichfalls sehr früh seine Truppen in die Gefechtsstellungen einrücken. Das Heranziehen der 3. Infanterie-Brigade nach Retonfay zeigt den richtigen taktischen Blick eines Feldherrn, ebenso die Versammlung der 3. Landwehr-Division bei St. Barbe. Wer sich für höhere Taktik und Feldherrnthätigkeit während einer Schlacht besonders interessirt, den verweisen wir auf Heft 11 der „Kriegsgeschichtlichen Einzelschriften", in welchem auf Seite 695 ff. in sehr klarer Weise geschildert wird, wie die einzelnen Anordnungen des Generals v. Manteuffel aufeinander folgten.

Als die Franzosen abkochten, ließ Manteuffel seine Truppen ebenfalls abkochen, wahrte jedoch dabei überall die Gefechtsbereitschaft. Das um 4 Uhr plötzlich losbrechende Feuer der Franzosen, welchem alsbald die heftigsten Angriffe folgten, setzte den General v. Manteuffel nicht einen Augenblick in Unruhe. Er blieb auch jetzt durchaus Herr der Lage, kaltblütig wie immer. Keine Spur von Ueberhastung ist zu bemerken, abschon die Gefechtslage nach dem Falle von Noisseville und Montoy mehr als kritisch war. Auch der nächtliche Kampf um Servigny und Failly bringt den preußischen General nicht aus seiner Ruhe heraus.

Die Schlacht erstreckte sich auf dem Raum von Rupigny bis Aubigny, also auf 1½ deutsche Meilen: es versteht sich von selbst, daß General v. Manteuffel nicht überall persönlich eingreifen konnte. Richtig war es sicherlich, daß der General während der Schlacht sich nicht um Einzelheiten kümmerte. Vielleicht hätte bei Noisseville das Generalkommando direkt eingreifen können, indem es durch Generalstabsoffiziere oder Adjutanten ein Einvernehmen des Vorpostenbataillons mit der 3. Infanterie-Brigade herbeiführte. Man muß in solchem Falle möglichst wenig als selbstverständlich voraussetzen. Jedenfalls hätte ein direktes Eingreifen des Generalkommandos den Verlust von Noisseville verhindern können.

Stellungen der Deutschen in der Nacht zum 1. September.

Die Linie Malroy—Charly wurde von den Regimentern Nr. 19, 81, der 3. Schwadron 1. Reserve-Dragoner und 5 Batterien der 3. Reserve-Division besetzt gehalten, II./81. blieb in Rupigny. Südlich von Antilly stand das Gros der hessischen Division, deren 50. Brigade die Westseite des Bois de Failly besetzt hielt, gleichzeitig aber auch den Südrand dieses Waldes durch Vorposten sicherte. Die Division hatte 9³/₄ Bataillone, 8 Schwadronen und 6 Batterien zur Stelle; die reitende Batterie der Division führte seit dem 18. August nur vier Geschütze.

Die Linie Malroy—Charly—Bois de Failly wurde mithin von 15³/₄ Bataillonen, 9 Schwadronen, 11 Batterien besetzt gehalten = 13 100 Gewehre, 1220 Säbel, 64 Geschütze.

In und bei Failly standen F./1., die Landwehr-Bataillone Muskau und Posen. In und bei Poixe verblieben I. und II./41., F./3., ½ Landwehr-Bataillon Samter, die 2. Schwadron Dragoner Nr. 1. Bei Servigny waren versammelt II./1., F./41., II./3., die Landwehr-Bataillone Görlitz, Freistadt, ½ Bataillon Samter. Nordöstlich von Noisseville befand sich I./1.; Brémy hielten die 1. und 2. Kompagnie des 1. Jäger-Bataillons besetzt. Zwischen Brémy und St. Barbe lagerten die beiden anderen Kompagnien dieses Bataillons, 1., 2., 4./3., Regiment Nr. 43, die Landwehr-Bataillone Schrimm, Rawitsch, Neutomischel, Kosten, 10 Batterien des 1. Armeekorps, 7 Schwadronen der 3. Reserve-Division. Für die Stellung Failly—Poixe—Servigny—St. Barbe ergeben sich mithin:

21³/₄ Bataillone, 8 Schwadronen, 10 Batterien = 16 150 Gewehre, 1115 Säbel, 60 Geschütze.

Im Nachtmarsche von Roncourt über Marange—Hanconcourt nach St. Barbe befanden sich auf Befehl des Prinzen Friedrich Karl die 18. Division und die Korps-Artillerie 9. Armeekorps (die 4. schwere Batterie dieses Armeekorps zählte seit dem 18. August nur 4 Geschütze). Nach Abzug der anderweitig verwendeten Truppentheile betrug der Rest des 9. Armeekorps noch 11 Bataillone, 3 Schwadronen, 9 Batterien = 6880 Gewehre, 405 Säbel, 52 Geschütze.

Bei Petit Marais bezw. nordöstlich von Retonfay und östlich von Flanville lagerten: 1., 3., 4./4., II./4., 1., 2. 44., II. 44., eine kombinirte Füsilier-Kompagnie Regiments Nr. 44, 3 Schwadronen Dragoner Nr. 1, 3 Batterien (davon eine Batterie der 3. Reserve-

Division): außerdem die 3. Kavallerie-Division mit 14 Schwadronen, 1 Batterie. Dies ergiebt zusammen 9½ Bataillone, 17 Schwadronen, 4 Batterien = 2650 Gewehre, 2225 Säbel, 24 Geschütze.

Oestlich von Maison isolée lagerten die 10. Dragoner, 4 Schwadronen = 540 Säbel.

Bei Vaqueneyn befand sich Regiment Nr. 5 mit zwei Batterien. Bei Courcelles fur Nied lagerten die 28. Infanterie-Brigade mit 4 Bataillonen (eine Kompagnie verblieb bei Frontigny), 1 Schwadron, 1 Batterie; ein Theil von 2./4.; 4./44. und 2 Züge von 10./44., sowie eine zweite kombinirte Füsilier-Kompagnie des Regiments Nr. 44. Die Besatzung von Flanville hatte bekanntlich diesen Ort auf Befehl geräumt und dann östlich desselben Stellung genommen; sie war über den Sammelplatz des Regiments im Unklaren geblieben und dann irrthümlich nach Courcelles abmarschirt; ihr hatten sich ein Theil der beim Kampfe um die Brauerei zersprengten Kompagnie 2./4. und die zweite kombinirte Füsilier-Kompagnie Regiments Nr. 44 angeschlossen.

Regiment Nr. 45 stand an folgenden Punkten: 2., 3., 4./45. bei Marsilly; 9./45. zwischen Marsilly und Ars Vaqueneyn; 12./45. bei Ars Vaqueneyn; 1., 5., 6., 10., 11./45. hinter dem Wäldchen an der Chaussee Metz—Saargemünd bei Höhe 784; 7., 8./45. bei Mercy le Haut.

Zusammen ergiebt dies (ausschließlich der nach Mercy le Haut abgezweigten beiden Kompagnien) 10½ Bataillone, 1 Schwadron, 3 Batterien = 8620 Gewehre, 140 Säbel, 18 Geschütze.

Die Gesammtkräfte der Deutschen, welche am frühen Morgen des 1. September der Rheinarmee auf der Linie Malroy—Failly—Servigny—St. Barbe—Courcelles gegenüber standen, betragen mithin 62½ Bataillone, 42 Schwadronen, 218 Geschütze = 47 400 Gewehre, 5645 Säbel, 218 Geschütze. Wir haben hier im Allgemeinen die Gefechtsstärke angenommen, welche die Truppen am Morgen des 31. August hatten; die Zahlen sind also um die an diesem Tage erlittenen Verluste zu hoch. Dagegen ist das Zersprengen der Kompagnien 2./4., 3., 9., 11., 12./44. hier bereits berücksichtigt worden.

Stellungen der Franzosen in der Nacht zum 1. September.

Die Division Castagny lagerte vorwärts des Forts Queuleu und hielt mit Vortruppen La Grange aux Bois besetzt. Unmittelbar neben ihr lagerte die Brigade Lapasset, welche Colombey, Aubigny und Coincy besetzt hielt. Die Kavallerie-Division Valabrègue 2. Armeekorps lagerte zwischen Bornu und Colombey.

Das 2. Armeekorps nahm während der Nacht folgende Stellungen ein: Division Fauvart-Bastoul bei Flanville und St. Aignau, Division Bergé bei Bellecroix, nur Regiment Nr. 32 war zur Verstärkung der Brigade Clinchant vorgezogen worden.

Das 3. Armeekorps lagerte an folgenden Punkten: die Brigade Clinchant in und bei Noisseville bezw. bei der Brauerei; Regiment Nr. 51 in Flanville; Regiment Nr. 62 in Montoy; das 18. Jägerbataillon in Puche. Die Division Metman brachte die Nacht im Grunde von Nouilly zu, vor Servigny; links von dieser Division lagerte die Division Aymard gleichfalls vor Servigny.

Bei dem 4. Armeekorps verblieb die Division Cissey links von der Division Aymard vor Servigny und Poixe; mehr gegen Poixe und Failly hin lagerte die Division Grenier; die Division Lorencez befand sich in Reserve.

Das 6. Armeekorps behielt seine Stellungen links vom 4. Armeekorps bei, von Vany bis zur Mosel.

Die Voltigeurs-Division der Garde lagerte hinter dem 4. Armeekorps, die Grenadier-Division vorwärts des Schlosses Grimont.

Ergebnisse der Schlacht vom 31. August.

Zwischen den Stellungen der 1. und 2. Infanterie-Division hatten die Franzosen erheblich viel Boden gewonnen; sie hielten Colombey, Aubigny, Coincy, Montoy, Flanville, St. Aignau, Puche besetzt, ebenso Noisseville und die Brauerei; Orte, welche durchweg am Morgen des 31. August im Besitze der Deutschen gewesen waren. Aber gerade hier, wo ein augenfälliger Erfolg erzielt worden war, hatten die Franzosen auffallend wenig Truppen versammelt: nämlich die Brigade Lapasset, die Divisionen Montaudon und Fauvart-Bastoul und ein Regiment der Division Bergé. In Reserve dahinter befand sich ganz allein der Rest der Division Bergé.

Am Morgen des 31. August hatten diese Truppentheile 20900 Gewehre gezählt; jetzt waren sie durch die erlittenen Verluste auf rund 20000 Gewehre vermindert worden.

Dagegen befanden sich vor der Linie Failly — Poixe — Servigny, welche deutscherseits siegreich behauptet und in der Nacht noch wesentlich durch herangezogene Verstärkungen gesichert worden war, die Divisionen

Metman, Aymard, Cissey, Grenier, Lorencez und Tixier, also sechs französische Divisionen, welche am Morgen des ersten Schlachttages 37100 Gewehre gezählt hatten und auch nach den Verlusten vom 31. August noch immer auf rund 35000 Gewehre veranschlagt werden müssen. Die 20500 Gewehre der Divisionen Lafont de Villiers und Levassor-Sorval, sowie der Garde hatten so gut wie gar nichts gethan.

Wir finden also auf dem Entscheidungsflügel 20000 Gewehre, auf dem ganzen übrigen Theil der Schlachtfront, wo die Entscheidung ganz sicher nicht fallen konnte, dagegen 55500 Gewehre für den zweiten Schlachttag verfügbar. Schon diese Zahlengruppirung beweist, daß Marschall Bazaine sich am 31. August in keiner Weise als Feldherr gezeigt hat.

In der That hat sich denn auch der Marschall Bazaine jeglichen Eingriffs in den Gang der Schlacht enthalten. Er machte das thatkräftige Eingreifen des 4. und 6. Armeekorps von den Erfolgen des 3. Armeekorps abhängig und sorgte dabei durchaus nicht dafür, daß Marschall Leboeuf die zu einem entscheidenden Erfolge nothwendigen Kräfte verfügbar hatte.

Jarras sagt in seinen „Erinnerungen", der Marschall sei um 4 Uhr Nachmittags darüber erstaunt gewesen, daß das 3. Armeekorps noch immer unthätig blieb. Er habe den Marschall erst daran erinnern müssen, daß ja dem Marschall Leboeuf befohlen worden sei, erst auf das verabredete Signal anzutreten; jetzt erst habe Bazaine den Beginn des Geschützfeuers angeordnet. Von da ab hat der Marschall überhaupt nichts mehr befohlen. Zwar blieb er fast fortwährend im Granatfeuer der Preußen, General Jarras verlor selbst sein Pferd an der Seite des Marschalls durch einen Granatsplitter, aber er verhielt sich gänzlich passiv: gegen Beginn der Abenddämmerung ritt der Marschall nach Villers l'Orme, beschränkte sich aber darauf, einige Einzelheiten anzuordnen und verbrachte dann die Nacht im Dorfe St. Julien.

Ohne Zweifel konnte Bazaine noch am Abende des 31. August starke Kräfte nach der Linie Noisseville—Montoy—Coincy heranziehen. Hier lag die Entscheidung und nirgends wo anders. Nichts hätte daran gehindert, die Divisionen Metman und Aymard zu sammeln und hinter die Division Montaudon zu schieben; ebenso mußte der Rest der Division Bergé in dieser Richtung eingreifen und die Garde bei Bellecroix in Reserve gehalten werden. Das 4. Armeekorps mußte sich nach rechts ausdehnen und die von den Divisionen Metman und Aymard verlassenen Stellungen besetzen. Dafür konnte die Division Tixier sich wieder bis vor die Front Failly—Poixe ausdehnen. Dann konnten auf dem entscheidenden Punkte, d. h. auf der Linie Noisseville—Montoy—Coincy, am Morgen des 1. September $2^1/_2$ Divisionen des 2., 3 Divisionen des 3. Armeecorps und die Garde eingesetzt werden, um die Stellung von St. Barbe zu erobern. Dies waren nach Abrechnung der am ersten Schlachttage erlittenen Verluste rund 42000 Gewehre, welchen die Preußen zunächst höchstens etwa 8000 Gewehre entgegensetzen konnten.

Es waren also auch für den Wiederbeginn der Schlacht am 1. September die Aussichten auf französischer Seite durchaus nicht ungünstig, aber es fehlte der Feldherr, es fehlte auch die Initiative der Korpskommandeure.

Einzelheiten aus den französischen „historiques".

Die Franzosen wollen Flanville mit dem Bataillon III./51. erobert haben. Bekanntlich wurde das Dorf jedoch von den Preußen auf Befehl geräumt, ohne irgend welchen Zwang seitens der Franzosen. Uebrigens soll Regiment Nr. 51 am 31. August nur 2 Offiziere, 27 Mann verloren haben; da nun 1./51. thatsächlich bei Montoy ernsthaft focht, so bleibt für weitere Verluste nichts übrig. Daß aber eine Eroberung des Dorfes ohne Verluste erfolgt sei, werden selbst die Franzosen nicht behaupten wollen. Hiernach hat sich also wohl die Eroberung Flanvilles lediglich in der erregten Phantasie unserer westlichen Nachbarn abgespielt.

Regiment Nr. 62 verlor bei Montoy angeblich 10 Offiziere, 310 Mann, das 18. Jäger-Bataillon 2 Offiziere, 67 Mann.

Den Sturm auf die Brauerei führte II./95. durch; I./95. griff Noisseville an; erst später trat auch III./95. in den Kampf ein. Das Regiment verlor 10 Offiziere, 296 Mann todt und verwundet. Regiment Nr. 81 blieb in Reserve und verlor nur 5 Mann. Es hat also die ganze Last des Kampfes um Noisseville ausschließlich auf dem einzigen Regiment Nr. 95 geruht, welches allerdings 915 Mann Reservisten empfangen hatte und deshalb ziemlich vollzählig war, da es bisher angeblich nur 12 Offiziere, 162 Mann verloren hatte.

Für die Truppentheile der Division Montaudon besitzen wir ausnahmsweise ziemlich genaue, nach beiden Schlachttagen getrennte Verlustlisten. Bei den übrigen Divisionen sind die Verlustangaben nicht in so schöner Ordnung; vielfach sind sie sogar ganz ungenügend.

Bei dem Regiment Nr. 1 werden nur 10 Offiziere als todt und verwundet angegeben, der Mannschaftsverlust fehlt ganz, muß aber nach der Zahl der aufgefundenen Todten recht groß gewesen sein. Bei manchen Truppentheilen fehlen die Vermißten; man würde also ein ganz falsches Bild gewinnen, wenn man diese Verlustangaben wörtlich nehmen wollte; denn das Schlachtfeld blieb ja schließlich durchweg im Besitze der Preußen, und es müssen daher die Franzosen sehr zahlreiche Vermißte verloren haben.

Beim Regiment Nr. 44 ist nur der Verlust einer einzigen Kompagnie angegeben und zwar mit nicht weniger als 3 Offizieren, 42 Mann todt und verwundet; über den Verlust der übrigen 17 Kompagnien verlautet keine Silbe. Wer sich für diese Dinge interessirt, den verweisen wir auf das Buch von Dick de Lonlay.

Von den übrigen Verlusten wollen wir hier nur diejenigen der Division Metman anführen. Sie werden angegeben wie folgt:

Regiment Nr. 7 10 Offiziere, 317 Mann, todt, verwundet, vermißt.
    =   = 29 12   139   =   =   =
    =   = 59   9   120   =   =   =
    =   = 71   5   = 140   = hors de combat,
7. Jäger-Bataillon   27   = todt, verwundet, vermißt.

Es fehlen also auch hier wieder anscheinend bei zwei Regimentern die Vermißten, und zwar gerade bei den Regimentern, welche im Grunde der Vallières-Schlucht fochten und sicherlich hier recht viele Todte und Verwundete zurückließen; man erinnere sich dabei nur an unsere Darstellung dieser Kämpfe.

Soweit sich aus den sehr lückenhaften französischen Angaben ersehen läßt, haben folgende französische Truppen ernsthaft am Kampfe Theil genommen:

Vom 2. Armeekorps nur Theile der Brigade Lapasset, die wir auf vielleicht drei Bataillone veranschlagen dürfen.

Vom 3. Armeekorps die Division Montaudon, ohne Regiment Nr. 81, II. und III./51.; also 8 Bataillone. Die Division Metman focht ganz, mit Ausnahme des 7. Jäger-Bataillons, also mit 12 Bataillonen. Von der Division Aymard kann man höchstens sechs Bataillone als ernsthaft in den Kampf getreten berechnen.

Bei dem 4. Armeekorps focht die Division Cissey mit den Regimentern Nr. 1 und 6, sowie dem 20. Jägerbataillon sehr ernsthaft:

bei der anderen Brigade wird man nur ein Bataillon als wirklich in den Kampf getreten berechnen dürfen. Von der Division Grenier sind höchstens etwa drei Bataillone gründlich ins Feuer gekommen. Für die Division Lorencez wird man sogar nur etwa zwei Bataillone als energisch in den Kampf verwickelt bezeichnen dürfen.

Das 6. Armeekorps hat schwerlich mehr als zwei Bataillone wirklich im Feuer gehabt.

Die Garde that überhaupt gar nichts.

Folgende Tabelle giebt eine Uebersicht über die thatsächlich ernsthaft ins Gefecht gekommenen und die in Reserve verbliebenen Bataillone.

	Ernsthaft ins Gefecht gekommen:	In Reserve verblieben:
Gardekorps		23 Bataillone
2. Armeekorps	3 Bataillone	26⁴/₆ =
3. =	26 =	13 =
4. =	13 =	23 =
6. =	2 =	34 =
	44 Bataillone	119⁴/₆ Bataillone.

Nach den Durchschnittszahlen der von uns errechneten Gefechts= stärken kamen also höchstens rund 22 500 Gewehre der Franzosen ernsthaft ins Gefecht, während 56 000 Gewehre in Reserve verblieben. Die 22 500 Mann wirklicher Kämpfer verloren am 31. August rund 2800 Mann, also beinahe 12,5 pCt. ihrer Gefechtsstärke.

Wir bemerken hier, daß diese Uebersicht keineswegs alle die Truppen umfaßt, welche die Franzosen zum Entscheidungskampfe herangezogen haben, wie ja aus unserer Darstellung zur Genüge hervorgeht. Bei einer Berechnung der am Entscheidungskampfe betheiligten Truppen müssen vielmehr alle in zweiter Linie verbliebenen Truppen mitgerechnet werden, denn sie standen jedenfalls zur sofortigen Verwendung bereit und erlitten auch Verluste durch das Feuer der Preußen. —

III. Der 1. September.

Maßregeln der Deutschen.

General v. Manteuffel erfuhr erst kurz vor Tagesanbruch, daß Noisseville noch immer in den Händen der Franzosen war. Sehr richtig erkannte er als erste Bedingung für die siegreiche Durchführung der Schlacht die Wiedereroberung des genannten Dorfes. General v. Memerty wurde angewiesen, bei diesem Angriffe soviel als möglich mitzuwirken.

Um 4 Uhr früh trafen die 18. Division und die Korpsartillerie 9. Armeekorps bei Antilly ein. General v. Manstein ritt mit dem Dragoner-Regiment Nr. 6 nach St. Barbe, um persönlich die Befehle des Generals v. Manteuffel entgegenzunehmen. Es wurde nun die 35. Brigade als Reserve hinter die Linienbrigade der 3. Reserve-Division befehligt; die 36. Brigade nach dem Bois de Failly gesendet, um die hier stehende 50. Brigade abzulösen, während die 49. Brigade und die Korpsartillerie nach St. Barbe herangezogen wurden, wohin die 50. Brigade nach erfolgter Ablösung folgen sollte.

Schon am frühen Morgen hörte man im Hauptquartier des Prinzen Friedrich Karl zu Malancourt deutlich den Kanonendonner von Sedan her herüberschallen, auf eine Entfernung von 90 km Luftlinie. Es stand also offenbar die Schlacht von Noisseville im Zusammenhange mit dem Ringen der Entsatzarmee.

Bei Malroy hatte man am 31. August früh durch die in der Mosel ausgespannten Netze eine verkorkte Flasche aufgefangen, welche eine an den Kommandanten von Thionville gerichtete Depesche enthielt, in der um Uebersendung von Nachrichten gebeten wurde. Um 8 Uhr 10 Minuten begab sich Prinz Friedrich Karl wiederum nach dem Horimont. Unterwegs erhielt der Prinz bereits eine Meldung des 10. Armeekorps über den Wiederbeginn des Kampfes. Sofort befahl er, das 3. Armeekorps solle eine durch Artillerie verstärkte Infanterie-Division nach Maizières entsenden, also als Reserve für die Stellungen des 10. Armeekorps. Vom Horimont aus wurde letzteres Korps angewiesen, mit allen in der Vorpostenstellung entbehrlichen Truppen schleunigst auf das rechte Moselufer abzurücken.

Wie es auf dem Schlachtfelde aussah, konnte man auf dem Horimont zunächst nicht wahrnehmen, da ein dichter Nebel vorläufig noch das Gelände umhüllte. Sobald aber der Nebel schwand, konnte man das Schlachtfeld wieder, wie am vorigen Tage, deutlich übersehen.

Um 9¼ Uhr telegraphirte der Prinz an das 7. Armeekorps: „Ich würde es für angemessen halten, wenn Euer Excellenz nach Lage des Gefechts östlich von Metz dorthin mit dem größten Theile des 7. Korps aufbrächen, falls die Dispositionen, welche General v. Steinmetz getroffen, nicht dadurch gekreuzt werden. Eine Brigade würde in der Cernirungslinie vorläufig genügen. Die Reserve des 8. Korps wird überdies etwas rechts geschoben werden und kann vielleicht weiterhin Ihre ganze Cernirungslinie ablösen. Von hier ist bei Noisseville heftiges Gefecht des 1. und 9. Korps zu sehen."

General v. Goeben wurde von dem Inhalt dieses Telegramms benachrichtigt und erhielt den Befehl, mit seinen Reserven sich nach rechts hin auszudehnen.

Um 9½ Uhr ließ der Prinz an den General v. Kummer folgenden schriftlichen Befehl abgeben: „Da nach diesseitiger Uebersicht auf dem feindlichen linken Flügel das Gefecht nur schwach ist, wollen Euer Excellenz mit allen Truppen abmarschiren und sich dem General v. Manteuffel zur Verfügung stellen, sobald die Tetenbrigade des 10. Korps in Ihrer Stellung zur Ablösung eintrifft. Ich empfehle Eile." Der mit diesem Befehle zum General v. Kummer abgesendete Offizier sollte sich auch bei General v. Voigts-Rhetz melden und diesem den Inhalt des Schreibens mittheilen.

Zum Angriff auf Noisseville wurde die 2. Infanterie-Brigade bestimmt, deren verfügbare Kräfte (Regiment Nr. 43 und 5, 7./3.) sich im Thale des Vallières-Baches vorwärts bewegten. Die Brigade Memerty hatte zunächst nur die während der Nacht bei Petit Marais verbliebenen Kompagnien zur Stelle. Nach Mitternacht waren 6., 7./44. unter dem bekannten Militärschriftsteller, Hauptmann May, gegen Flanville vorgeschoben worden; dieses Dorf hielten aber bekanntlich die Franzosen besetzt. Die beiden preußischen Kompagnien verblieben daher vor dem Dorfe und hoben sofort Schützengräben aus; im Morgengrauen wurden sie nach Retonfan herangezogen, welches nunmehr vom ganzen Bataillon II./44. besetzt wurde.

Die 3. Kavalleriedivision war, wie wir wissen, auf Befehl des Generals v. Steinmetz am frühen Morgen vom Schlachtfelde abmarschirt; an ihre Stelle traten aber sieben Schwadronen der Dragoner Nr. 1 und 6 (letzteres Regiment war soeben mit General v. Manstein bei St. Barbe eingetroffen), außerdem die Dragoner Nr. 10 mit vier Schwadronen.

Ferner hatte man die Hoffnung, daß das 13. Armeekorps, unter dem Großherzog von Mecklenburg, mit seinen vordersten Abtheilungen die Gegend zwischen St. Barbe und Courcelles im Laufe des Tages erreichen würde. Dieses ursprünglich zum Küstenschutze bestimmte Korps war nach dem siegreichen Ausgange der großen Augustschlachten auf den Kriegsschauplatz herangezogen worden und mit seinen vordersten Truppen bereits am 31. August in der Nähe der Ried angelangt. Thatsächlich trafen Regiment Nr. 75, fünf Landwehrbataillone und fünf Schwadronen des Korps = 6380 Gewehre, 700 Säbel, am 1. September um 1½ Uhr Nachmittags bei Petit Marais bezw. bei Maison isolée ein. In ein Nachmittagsgefecht hätten also diese Truppen, welche noch keinen Feind gesehen hatten, sehr wirksam eingreifen können.

Die ersten Angriffe auf Noisseville.

Früh 5¾ Uhr verließen die vier Batterien der 1. Infanterie-Division ihr Biwak; die beiden schweren Batterien fuhren südöstlich von Servigny auf und begannen sofort auf 2000 Schritt das Dorf Noisseville zu beschießen; die beiden leichten Batterien fuhren zwischen Servigny und Poixe auf, sollten aber zunächst ihr Feuer nicht eröffnen. Etwa um 7 Uhr früh verstärkte die 2. leichte Reservebatterie Regiments Nr. 11 (von der 3. Reserve-Division) die beiden gegen Noisseville feuernden schweren Batterien. Letzteres Dorf gerieth in Brand; man glaubte auch einzelne französische Abtheilungen aus demselben zurück gehen zu sehen. Infolge dessen schritt die 2. Infanterie-Brigade um 6¾ Uhr früh zum Angriff, und zwar von dem Grunde der Vallières-Schlucht aus, noch ehe die Artillerie hatte gründlich wirken können, und ohne Verbindung mit der 3. Infanterie-Brigade, deren Eingreifen um diese Zeit noch gar nicht wirksam werden konnte, was man übrigens trotz des Nebels wahrzunehmen vermochte.

Zur Sicherung gegen die im Grunde der Vallières-Schlucht befindlichen Truppen der Division Metman ging 1./1. in dieser Schlucht vor. Dieses Bataillon schob die 2. Kompagnie gegen den nördlichen Abhang der Schlucht vor; zwei Züge in erster Linie, ein Zug in Reserve. Sehr bald traten die beiden vorderen Züge in ein heftiges Feuergefecht gegen vortrefflich gedeckte französische Schützenschwärme. Ein Erfolg wurde nicht erzielt, dagegen wurden bald die Patronen knapp, die Gewehre begannen zu verschleimen, es traten Versager ein. Die beiden Züge gingen daher langsam zurück. An ihre Stelle trat die 3. Kompagnie, aber gleichfalls ohne nennenswerthe Fortschritte machen zu können. Inzwischen waren die 1. und 4. Kompagnie gegen Noisseville selbst vorgegangen und hatten drei Züge in Schützenlinie entwickelt, im Allgemeinen gegen die Nordfront des Dorfes. Diese Züge erhielten vom Dorfe her keinen Schuß, dagegen fortwährend Flankenfeuer aus den Weinbergen; sie eröffneten daher ihr eigenes Feuer gegen diesen Feind und zwar mit verwandter Front.

Während dieses Kampfes der Grenadiere Regiments Nr. 1 hatten sich die verfügbaren 14 Kompagnien der 2. Infanterie-Brigade in drei Treffen entwickelt. Das im 1. Treffen befindliche Bataillon F./43. erhielt von den Hängen der Vallières-Schlucht, ganz ebenso wie I./1. Flanken- und Rückenfeuer; der rechte Flügel des Bataillons nahm daher die Front gleichfalls gegen diesen Gegner. Der Angriff gerieth ins Stocken, jedoch wurden sofort die Schützenlinien verstärkt, die hinteren Treffen vorgezogen und nunmehr der Angriff gegen die Nord- und Ostseite des Dorfes durchgeführt. Auf beiden Seiten erreichten die Preußen den Dorfrand; im Dorfe selbst aber wurden sie mit mörderischem Gewehrfeuer überschüttet, jedes Gehöft mußte erstürmt werden. Dennoch gelangten einzelne Abtheilungen bis an den Westrand des Dorfes, ja ein Offizier und 16 Mann von 5./3. behaupteten sich bis zur endgültigen Besitznahme von Noisseville im Pfarrhofe. Dies war aber eine vereinzelte Erscheinung. Die Brigade Clinchant wurde rechtzeitig vom Regiment Nr. 32 der Division Vergé unterstützt, raffte sich zu einem energischen Gegenstoße auf und warf die Preußen wieder aus Noisseville heraus.

Vergeblich versuchten einzelne kleinere Abtheilungen nochmals, von zwei Seiten her gegen Noisseville vorzudringen; der Angriff scheiterte gleichfalls. Die Truppen der 2. Infanterie-Brigade mußten überall zurückgehen; nur 1./43. und die zuletzt vorgegangenen kleineren Abtheilungen behaupteten sich am Höhenrande; alles Uebrige sammelte sich im Grunde des Vallières-Baches. Die Verluste waren schwer; Regiment Nr. 43 verlor allein 14 Offiziere, 334 Mann.

Wir haben hier abermals einen Beleg dafür, daß es eine Unmöglichkeit ist, einen durch Artilleriefeuer nicht erschütterten Gegner aus einer für ihn vortheilhaften Stellung heraus zu werfen. Alle Tapferkeit muß unter solchen Umständen scheitern. Der Angriff der 14 preußischen Kompagnien wurde umfassend durchgeführt, in der Flanke durch vier weitere Kompagnien gedeckt: es war also immerhin eine ganz nennenswerthe Infanteriemasse thätig, deren Leitung durchaus verständig geschah; der Morgennebel begünstigte noch dazu den Angriff. Die Truppen schlugen sich vorzüglich, wie ihre Verluste beweisen, und trotz aller dieser günstigen Umstände scheiterte der Angriff gründlich. Nur unnütze Verluste waren das Ergebniß desselben, weil er vorzeitig unternommen wurde, genau wie der Angriff der Garden auf St. Privat am 18. August. Hätte man die Artillerie zuerst zwei Stunden lang gründlich wirken lassen und dann jene 18 Kompagnien zum Angriff angesetzt, dann würde höchst wahrscheinlich Noisseville ohne besonders große Opfer von den Preußen erobert worden sein. Wir erinnern hier an den Ausspruch Friedrichs des Großen: „Eine feindliche Infanterie angreifen, ohne vorher eine Feuerüberlegenheit erzielt zu haben, heißt nichts Anderes, als einen bewaffneten Gegner mit Leuten angreifen, die nur mit Stöcken bewaffnet sind."

Wenn man doch die Kriegsgeschichte mehr studiren wollte! Wie viel unnütz vergossenes Blut würde dann dem Vaterlande erspart werden! Die sogenannten „Praktiker" mit ihren Exerzirplatzerfahrungen erleben eben im Angesichte eines tüchtigen Feindes immer wieder aufs Neue, daß ihre sogenannten „Erfahrungen" versagen. Auch der schönste, bestgeleitete Massenangriff scheitert gegenüber einem mit modernen Hinterladern bewaffneten Gegner, wenn nicht eine gründliche Erschütterung dieses Gegners durch Artilleriefeuer dem Angriffe vorausgegangen ist. Ueber diese unumstößliche Wahrheit helfen keinerlei Exerzirplatz= kunststückchen hinweg.

Kaum war der Angriff der 2. Infanterie=Brigade abgeschlagen, als die 3. Brigade ins Gefecht trat. Wir wissen, daß die Brigade am 31. August nur 20 Kompagnien zur Stelle hatte; davon waren 2./4., 3. 9. 11. 12./44. zersprengt; aus den Trümmern der drei Füsilier= Kompagnien waren zwei kombinirte Kompagnien gebildet worden, während der Rest von 3./44. an 2.,44. übergeben worden war. Bei Courcelles befanden sich: 4./44., zwei Züge von 10./44., eine kombinirte Füsilier= Kompagnie Regiments Nr. 44 und ein versprengter Theil von 2. 4. Das Bataillon II./44. hielt Retonfay besetzt, 1./44. wurde den Batterien der 3. Brigade als Bedeckung beigegeben; es verblieben also zum An= griff auf Noisseville verfügbar: 1. 3. 4./4., II./4., 2./44., eine kombinirte Füsilier=Kompagnie Regiments Nr. 44, also zusammen nur 9 Kom= pagnien.

Das Schicksal dieses zweiten Angriffs war von Anfang an besiegelt. Die sieben Kompagnien des 4. Regiments gingen gegen Noisseville vor, die 44er gegen die Brauerei. Ein heftiges Feuer empfing die Preußen in der Front und zugleich von beiden Flanken her. Dennoch drangen Theile des Regiments Nr. 4 bis zum Dorfe selbst vor, allein sie waren nicht mehr im Stande, einen Umschwung in der Gefechtslage herbeizuführen. Die 44er gelangten mit der vorderen Kompagnie bis auf 400 m an die Brauerei heran; weiter vorwärts zu dringen erwies sich als aussichtslos. Außerdem standen bekanntlich bei Montoy und Flanville die Division Jauvart=Bastoul, die Regimenter Nr. 51 und

62 und das 18. Jäger-Bataillon, konnten also erneut den Angriff der Preußen in der Flanke, vielleicht sogar im Rücken fassen. Unter diesen höchst ungünstigen Umständen entschloß sich General v. Memerty sehr richtig dazu, seine neun Kompagnien zurück zu führen und 1200 m östlich von Noisseville aufs Neue Stellung nehmen zu lassen.

Nach der Regimentsgeschichte des Regiments Nr. 44 attackirte im Augenblicke des Abzuges französische Kavallerie auf die kombinirte Füsilier-Kompagnie, wurde jedoch auf 200 m abgewiesen. Aus den französischen Berichten läßt sich leider Näheres über diese Attacke nicht entnehmen, sie schweigen darüber vollständig. Jedenfalls aber kann die Attacke nur von einer kleinen Abtheilung geritten worden sein.

Gefecht bei Flanville.

Wir müssen des besseren Verständnisses halber jetzt zunächst die Ereignisse betrachten, welche das Zurückweichen des rechten Flügels der Franzosen zur Folge hatten.

Der Kommandeur der 2. Infanterie-Division, General v. Pritzelwitz, glaubte ganz richtig, einen großen Theil seiner bei Courcelles vereinigten Streitkräfte entbehren zu können, und ermächtigte daher die 28. Brigade unter General v. Woyna zu einem Vorstoße gegen die rechte Flanke der Franzosen. Um 6 Uhr früh brach General v. Woyna mit 2., 4., II. und F./53., I., 5., 8./77., den bei Courcelles versammelten Theilen der 3. Infanterie-Brigade, 1 Schwadron Husaren Nr. 8 und 2 Batterien nach Colligny auf. Er erhielt bald die Meldung, daß Flanville von den Franzosen besetzt sei, und beschloß, dieses Dorf anzugreifen. St. Aignan wurde vom Feinde geräumt gefunden; 10., 11., 12./53. nisteten sich vor der Ostseite von Flanville ein und begannen das Feuergefecht. Die beiden Batterien der Brigade vertrieben zunächst französische Artillerie, welche südlich von Montoy stand und gegen die Batterien der 3. Infanterie-Brigade feuerte.

Die beiden Batterien dieser letzteren Brigade hatten nämlich schon bald nach 5 Uhr Morgens in der Linie Château Gras—Retonfay Stellung genommen. Von hier beschoß die 5. schwere Batterie die bei Flanville sichtbaren französischen Biwaks und richtete in denselben große Verwirrung an. Um 5½ Uhr traten zwei französische Batterien südlich von Montoy auf und beschossen die genannte preußische Batterie, welche jedoch sehr bald durch die 6. schwere Batterie verstärkt wurde. In dieses Gefecht griff die Artillerie der 28. Brigade sehr glücklich ein, indem sie die französischen Batterien völlig überraschend flankirte und schon nach wenigen Schüssen zum Rückzuge zwang.

Nunmehr beschossen die Batterien der 28. Brigade Flanville selbst. Um 6³/₄ Uhr früh traten die beiden reitenden Batterien der Korpsartillerie 1. Armeekorps neben der Artillerie der 3. Brigade ins Feuer, welche dadurch auf 24 Geschütze verstärkt wurde. Zunächst wurde französische Artillerie (dabei auch Mitrailleusen) vertrieben, welche bei Montoy abermals auftauchte; 14 Geschütze feuerten aber zeitweise auch gegen Flanville, so daß dieser Ort im Ganzen von 26 preußischen Geschützen unter Feuer genommen wurde.

Während die preußische Artillerie hier so ernstlich in Anspruch genommen wurde, erfolgte der Angriff der 3. Brigade auf Noisseville, und zwar trat dieselbe bald nach 7 Uhr früh an; sie entbehrte also jeglicher Unterstützung durch die eigene Artillerie.

Um 8 Uhr früh trat II./44. gegen Flanville ins Gefecht, 6./44. erreichte die in der Nacht vor dem Dorfe ausgehobenen Schützengräben, 7. 8. 5./44. verlängerten die Feuerfront gegen die Weinberge nördlich des Dorfes bis über den Bach hinaus. Die Kompagnien 10. 11. 12./53. zogen sich, hinter ihren liegenbleibenden Schützenlinien hinweg, mehr nach der Südseite von Flanville.

Es dauerte nicht lange, bis Flanville zu brennen begann. Unter dem Eindrucke des wuchtigen preußischen Granatfeuers und der völligen Umfassung durch die preußische Infanterie wurde der starken französischen Besatzung des Dorfes unheimlich zu Muthe; sie räumte den Ort. Sobald Hauptmann May dies bemerkte, warf er seine Kompagnie 6./44. mit Hurrah vor, drang in das Dorf ein und machte 40 Gefangene von den Regimentern Nr. 51 und 62 der Division Montaudon. Gleichzeitig drangen von Süden her die 53er in Flanville ein, welches um 9 Uhr in den Händen der Preußen war. Die Sieger folgten dem Feinde und beschossen mit ihren vordersten Schützenschwärmen die auf Montoy abziehenden Franzosen. Ebenso erfolgreich war das Verfolgungsfeuer der preußischen Artillerie.

Zunächst nahmen jetzt die Batterien der 28. Brigade Coincy unter Feuer. Bald jedoch erfolgte ein neuer Vorstoß der Franzosen. Es waren nämlich die Division Fauvart=Bastoul und die Regimenter Nr. 51, 62, sowie das 18. Jäger=Bataillon unter dem Eindrucke der Umfassung von Süden her zurückgewichen; die Division Fauvart=Bastoul erhielt jedoch vom Marschall Leboeuf den gemessenen Befehl, aufs Neue vorzugehen. Dieser Befehl wurde sofort ausgeführt. Neue französische Batterien traten bei Montoy auf, die französische Infanterie ging wieder vorwärts. Nunmehr überschütteten aber die 36 preußischen Geschütze der 3. und 28. Brigade die Franzosen mit einem Hagel von Granaten; Marschall Leboeuf sah die Unmöglichkeit ein, mit seinem rechten Flügel siegreich vorzudringen, und befahl jetzt den Rückzug, welchen er soeben verboten hatte. Die preußische Artillerie begleitete diesen Rückzug mit ihren Granaten in wirksamster Weise. Sobald jetzt die sechs preußischen Batterien in ihrer Front keine günstigen Ziele mehr vor sich fanden, betheiligten sie sich an der Beschießung der Stellung Noisseville—Brauerei.

Beschießung von Noisseville durch die deutsche Artillerie.

Um 8¼ Uhr früh trafen bei St. Barbe die 49. Infanterie-Brigade, die 25. Kavallerie-Brigade und fünf Batterien der hessischen Division ein. General v. Manteuffel entschloß sich nun dazu, einen neuen Angriff auf Noisseville durch Massenfeuer seiner Artillerie erst gründlich vorzubereiten.

Demgemäß wurden die drei von der Gegend östlich von Servigny bereits im Feuer gegen Noisseville befindlichen Batterien noch durch drei hessische und eine Batterie der Korpsartillerie 9. Armeekorps verstärkt, also auf 42 Geschütze gebracht, während zwei hessische Batterien die Geschützlinie der 3. Brigade verstärkten. Einschließlich der beiden Batterien der 28. Brigade vereinigten nunmehr 90 deutsche Geschütze ihr Feuer auf die Gegend von Noisseville und die Brauerei.

Die Wirkung dieses Massenfeuers war glänzend. Vergeblich gab Marschall Leboeuf mit seinem Stabe ein herrliches Beispiel der Todesverachtung. Sechs Offiziere seines Stabes wurden getödtet oder verwundet, andere Offiziere verloren ihre Pferde; nur zwei Offiziere kamen ohne jeden Schaden davon. Vergeblich versuchte die französische Artillerie, das überlegene Feuer der deutschen Batterien zu erwidern; sie zog alsbald den Kürzeren; die konzentrische Wirkung der 90 deutschen Geschütze war gar zu mächtig. Noisseville brannte bald an mehreren Stellen; die Mauern der Brauerei wurden in Bresche geschossen. Selbst die Düngerhaufen vor den Häusern in Noisseville schwelten; fast kein Haus, keine Mauer des Dorfes blieb ohne Granatspuren; sogar das preußische Feldlazareth in Noisseville erhielt mehr als 20 Granaten, gerieth aber glücklicherweise nicht in Brand. Die Wirkung der preußischen und hessischen Granaten war mit einem Worte überwältigend.

Leider fehlen genaue Angaben über die Verluste der französischen Artillerie. Nach Dick de Lonlay haben alle acht Batterien der Reserveartillerie 3. französischen Armeekorps am Kampfe theilgenommen, und zwar feuerten sie zuerst auf Servigny. Er giebt aber nur den Verlust einer einzigen Batterie (7./4.) an. Ohne Zweifel haben diese acht Batterien und ebenso die sechs Batterien der Divisionen Montaudon und Jauvart-Bastoul ernste Verluste erlitten; ohne solche ernste Verluste würden sie schwerlich den Kampf aufgegeben haben. Jedenfalls sah sich General Clinchant dazu gezwungen, den Zug 2. Dragoner, welcher der Division Montaudon beigegeben war, dazu zu verwenden, um der in Auflösung fliehenden Infanterie seiner Brigade den Rückweg zu versperren.

Die preußische und hessische Artillerie kann stolz sein auf ihre Leistungen bei Noisseville. Die deutschen Granaten schlugen hier einer tapferen, gut eingenisteten feindlichen Infanterie einfach die Gewehre aus der Hand; d. h. sie entmuthigten diese Infanterie so, daß ihre Widerstandskraft versagte. So soll jeder große Angriff vorbereitet werden!

Wiederbesetzung Noissevilles durch die Preußen.

Nach dem Eintreffen der 49. Brigade bei St. Barbe gingen die vier Landwehrbataillone Schrimm, Rawitsch, Neutomischel und Kosten im Vallières-Grunde vor. Anfangs wollte General v. Bentheim mit diesen vier frischen Bataillonen den Angriff auf Noisseville sogleich erneuern, stand aber zum Glück davon ab. Er beschränkte sich darauf, die Bataillone Schrimm und Rawitsch zu beiden Seiten der Vallières-Schlucht vorgehen zu lassen, um hier den Anschluß an die stehengebliebenen Theile des 43. Regiments zu gewinnen. Die beiden genannten Landwehrbataillone erhielten heftiges Feuer aus den Weinbergen zwischen Servigny und Noisseville, also jedenfalls von Truppen der Division Metman, und wurden demnächst wieder im Vallières-Grunde weiter zurückgenommen. Auch das Bataillon 1./1. ging mit der Landwehr bis zu seiner Nachtstellung zurück. Fortgesetzt mußten jedoch einzelne Halbzüge gegen die Weinberge vorgeschickt werden, da das Flankenfeuer aus denselben sich immer wieder erneuerte.

Als nun aber um 10 Uhr früh die gewaltige Wirkung des deutschen Artilleriefeuers gegen Noisseville immer deutlicher erkennbar wurde, schien der Moment gekommen, die reife Frucht zu pflücken. Um 10½ Uhr früh traten die oben genannten vier Landwehrbataillone an und zwar das Bataillon Neutomischel am nördlichen Thalhange, die übrigen drei Bataillone auf der Thalsohle der Schlucht des Ballières-Baches. I./1. schloß sich dem Vormarsche auf dem linken Flügel an; noch weiter links gingen 1. 2. 4./3. vor, während Regiment Nr. 43 in Reserve folgte. Letzteres Regiment entsendete jedoch 1. 43. gegen die Ostseite von Roisseville. Links von diesen Truppen rückten 1. 3. 4./4., II..4., 2./44. und die kombinirte Füsilier-Kompagnie Regiments Nr. 44 gegen die Brauerei vor.

Es war also ein Massenangriff der Infanterie, welcher der Massen= wirkung der deutschen Artillerie auf dem Fuße folgte. 14 Kompagnien führten diesen Massenangriff aus; nur der rechte Flügel stieß noch in der Vallières-Schlucht auf Widerstand. Heftiges Flanken= und Rücken= feuer aus den vielumstrittenen Weinbergen zwischen Servigny und Roisseville traf die Landwehr; auch das Bataillon Kosten mußte noch auf den nördlichen Thalrand vorgezogen werden. Indessen gelang es schließlich, die Franzosen zum Rückzuge auf Nouilly zu zwingen. Immerhin erlitten z. B. die beiden Kompagnien 2. 3./1. durch das französische Flankenfeuer in wenigen Augenblicken einen Verlust von 1 Offizier, 16 Mann. Die von diesem Feuer betroffenen Truppen wurden vom Treffenführer, dem Obersten v. Wittgenstein der 3. Landwehr-Division, im Laufschritt in die Vallières-Schlucht zurück= geführt.

Die übrigen preußischen Truppen fanden keinen ernsten Widerstand mehr und besetzten Roisseville und die Brauerei ohne weiteren Kampf. Marschall Lebœuf hatte nämlich die Unmöglichkeit eingesehen, in dem überwältigenden Feuer der deutschen Artillerie noch länger mit seinen Truppen auszuharren, und demgemäß mit den Divisionen Janvart= Bastoul und Montaudon den Rückzug angetreten. Wir haben hier den Beweis dafür, daß es bei der Wirkung des Granatfeuers durchaus nicht immer auf die materiellen, durch dasselbe hervorgerufenen Verluste ankommt, sondern vielmehr auf die Einbuße an moralischer Kraft, welche das Granatfeuer bei dem Vertheidiger erzeugt. Der Verlust der Infanterie der Division Montaudon am 1. September wird auf 18 Offiziere, 379 Mann angegeben, wird also selbst einschließlich der bei einigen Truppentheilen wieder nicht angegebenen Vermißten nicht mehr als 415 Mann betragen haben. Das Regiment Nr. 32 der Division Vergé verlor etwa 60 Mann; die ganze Division Janvart= Bastoul verlor auch nur etwa 60 Mann. Die gesammte Infanterie der drei Infanterie-Divisionen, welche Marschall Leboeuf bei Noisseville — Brauerei — Montoy zur Verfügung hatte, verlor also nur 535 Mann, bei einer Gefechtsstärke von 17 350 Gewehren, also wenig mehr als 3 pCt. Die Division Jauvart-Bastoul, welche Marschall Bazaine ganz ungerechtfertigterweise zum Sündenbock für den Mißerfolg stempelte, verlor bei einer Gefechtsstärke von 5650 Gewehren nur 60 Mann; sie ging aber zurück, weil sie von Süden her umfaßt wurde, und führte dann den Befehl, wieder vorzugehen, mit großer Entschlossenheit aus. Es war also nur die sehr richtige Einsicht des Divisionskommandeurs, seine Division vor einer Katastrophe zu bewahren, welche ihn zum Rückzuge veranlaßte, keineswegs der materielle Verlust. Der Entschluß dieses Divisionskommandeurs kann nur gebilligt werden, denn er konnte auf keine Reserve mehr rechnen.

Außerdem darf man nicht vergessen, daß der moralische Eindruck der deutschen Artilleriewirkung ein überwältigender war. Die eigene Artillerie konnte der überlegenen deutschen Artillerie gegenüber gar nichts leisten, sie zersplitterte wie Spreu vor dem Winde. Es ist ja möglich, daß die Erinnerung an die gewaltige Wirkung der preußischen Artillerie, welche diese Division am 16. August zur Genüge empfunden hatte, den Truppen noch in den Gliedern steckte. Jedenfalls ist es aber durchaus ungerecht, ihr allein die Schuld für den Mißerfolg aufzubürden. Man muß auch dem Feinde gerecht werden, und dies haben wir hoffentlich hier zur Geltung gebracht.

Leider sind die Verluste der Artillerie des französischen 2. und 3. Armeekorps nicht bekannt. Wir schätzen sie auf etwa 75 Mann; auch hier war mithin der wirklich erlittene Verlust nicht die Ursache des Zurückweichens, sondern ausschließlich die Erkenntniß der eigenen Ohnmacht gegenüber der weit überlegenen Wirkung der deutschen Artillerie. Allerdings scheint die höhere Leitung der französischen Artillerie über alle Begriffe mangelhaft gewesen zu sein. Das 2. französische Armeekorps verfügte, ohne die Brigade Lapasset, über 72 Geschütze und Mitraillensen; die Reserve-Artillerie des 3. Armeekorps und die Artillerie der Division Montaudou über 66! Demnach konnte Marschall Leboeuf 138 Geschütze und Mitrailleusen gegen die 90 Geschütze der Deutschen entwickeln. In Wirklichkeit scheinen die Batterien der Division Vergé und der Reserve-Artillerie 2. Armeekorps überhaupt nicht vorgezogen worden zu sein; es fielen also 54 Geschütze und Mitrailleusen von vornherein aus. Auch hat eine einheitliche Leitung der übrigen 84 Geschütze und Mitrailleusen offenbar nicht stattgefunden. Man verzettelte die einzelnen Batterien und erreichte natürlich gar nichts. Und das that man trotz der traurigen Erfahrungen, welche man in dieser Beziehung am 14., 16. und 18. August gemacht hatte! Es ist fast ein Hohn, wenn man die gewaltigen Artilleriemassen der Franzosen berechnet, welche hinter der Front standen und dabei vor Begierde brannten, ihr Gewicht in die Wagschale des Sieges zu werfen. Wir sehen auch hier wieder, daß Bazaine gar nicht durchbrechen wollte; er wollte sogar nicht einmal ernstlich siegen. Bei solcher Leitung kann man freilich Erfolge nicht erwarten.

Rückzug des rechten Flügels der Franzosen.

General v. Woyna hatte die große Wichtigkeit seiner Flankenstellung bei Flanville erkannt und bei General v. Manteuffel darum gebeten, auch fernerhin mit seiner Brigade an der Chaussee nach Saarbrücken verbleiben zu dürfen. Dies wurde ihm zugestanden. Die Franzosen gingen jedoch hier nicht mehr vor, und der Kampf verstummte nach der Wiederbesetzung von Noisseville durch die Preußen fast gänzlich.

In den Stellungen der 4. Infanterie-Brigade war es nur zu geringfügigen Gefechten gekommen. Etwa um 8 Uhr früh machte der rechte Flügel der Vorposten des Regiments Nr. 45 einen vergeblichen Versuch, gegen Coincy und Aubigny vorzudringen, mußte sich jedoch mit der Behauptung der Höhe nordwestlich von Marsilly begnügen.

Die Kompagnien 7., 8./45., bei Mercy le Haut, wurden vom Fort Queuleu aus heftig beschossen, dann um 10 Uhr früh von Theilen der Division Castagny aus der genannten Stellung verdrängt. Später besetzten die beiden Kompagnien das nur leicht vertheidigte Schloßgehöft abermals, erhielten jedoch sofort wieder Granatfeuer, auch gingen in ihrer rechten Flanke französische Abtheilungen von La Grange aux Bois her vor, so daß die Vorpostenlinie der Preußen hier endgültig zurückgenommen werden mußte. Indessen trugen diese Gefechte durchweg nur den Charakter von Vorpostenscharmützeln.

Um 11 Uhr früh wurde Noisseville und die Brauerei von den Preußen ohne Kampf besetzt, wie wir schon wissen. Die deutsche Artillerie nahm alsbald weiter vorwärts ihrer bisherigen Standpunkte neue Stellungen ein, jedoch bot sich nicht mehr viel Gelegenheit zu erfolgreichem Feuer. Die reitende hessische Batterie verstärkte in den letzten Kampfesmomenten noch die bereits auf 90 Geschütze angewachsene

Artilleriemasse der Deutschen. Da sie jedoch erst um 10¼ Uhr nordöstlich von Flanville auffuhr und nur ganz kurze Zeit gegen französische Infanterie bei der Brauerei wirken konnte, so haben wir von einer Verstärkung der deutschen Artilleriemasse auf 94 Geschütze nicht gesprochen. Die Batterie sah sich übrigens gezwungen, bei einem Geschütze, infolge des Abspringens des Grenzstückes, das Feuer nach dem achten Schusse einzustellen, verbrauchte jedoch immerhin noch 95 Granaten.

Kampf auf der Linie Poire—Servigny.

Marschall Bazaine hatte sich darauf beschränkt, am 1. September früh folgenden Befehl an seine Armeekorps-Kommandeure abgehen zu lassen:

„Selon les dispositions que l'ennemi aura pu faire devant nous, nous devons continuer l'opération entreprise hier, qui doit: 1. nous conduire à occuper St. Barbe, et 2. faciliter notre marche vers Bettlainville. — Dans le cas contraire, il faudra tenir dans nos positions, s'y fortifier, et ce soir nous reviendrons alors sous St. Julien et Queuleu. Faites-moi dire par le retour de l'officier qui vous remettra cette note, ce qui se passe devant vous."

Dieser Befehl ist charakteristisch für Bazaine. Keine Spur von Energie, keine Spur von Angriffslust, nicht die geringste Maßregel zur Verstärkung des Entscheidungsflügels. Der Erfolg hing also davon ab, ob es dem Marschall Leboeuf gelingen würde, St. Barbe zu nehmen. Da nun der Kampf auf der Linie Noisseville—Montoy von Hause aus seitens der Franzosen defensiv geführt wurde und nach wenigen Stunden schon mit einem vollen Rückzuge endigte, so blieb verständigerweise dem 4. Armeekorps nichts übrig, als die Ereignisse ruhig abzuwarten. In der gleichen Lage befanden sich die Divisionen Metman und Aymard des 3. Armeekorps. Erstere Division konnte jedoch, wie wir sahen, sehr wirksam in den Kampf um Noisseville eingreifen.

Nach Dick de Lonlay feuerten französischerseits beim 4. Armeekorps nur die drei Batterien der Division Lorencez, welche Division in die erste Linie vorgezogen worden war. Nach preußischen Berichten wurde Servigny ziemlich heftig mit Granaten und Schrapnels beschossen; vermuthlich durch die acht Batterien der Reserve-Artillerie 3. Armeekorps, welche ja anfangs ihr Feuer auf Servigny gerichtet haben sollen.

Die Infanteriebesatzung von Servigny und von Poire kam so gut wie gar nicht zur Thätigkeit. Nur einzelne, besonders gute Schützen machten Schießversuche auf große Entfernungen. Zwei Züge von 11./41. unternahmen einen Vorstoß gegen französische Abtheilungen, welche die feindliche Nachhut bildeten.

Die deutsche Artillerie entwickelte zwischen Failly und Servigny sechs Batterien, 2 der 1. Infanterie-Division und 4 der Korpsartillerie. Diese 36 Geschütze unterhielten ein mäßiges Feuer gegen das 4. französische Korps. Auf beiden Seiten waren die Verluste gering. Die sechs preußischen Batterien verloren fünf Mann, die gesammten auf der Linie Poire—Servigny versammelten preußischen Truppen am 1. September höchstens 25 Mann.

Auch das französische 4. Armeekorps hatte am 1. September nur geringe Verluste; die Artillerie der Division Lorencez verlor etwa 20 Mann, die Infanterie aller drei Divisionen höchstens etwa 150 Mann. Immerhin hat also das Granatfeuer der sechs preußischen Batterien, welche nach Hoffbauer am 1. September nur 417 Granaten verbraucht haben sollen, ungleich besser gewirkt als das Feuer der Franzosen. Wir werden später auf den Munitionsverbrauch der deutschen Artillerie noch zurückkommen.

Kampf bei Failly.

Failly war am Morgen des 1. September folgendermaßen besetzt: 11./1. hielt die hintere Barrikade und einige Häuser der nördlichen Dorfseite besetzt; 10./1. stand geschlossen im Dorfe und hatte nur einige Schützen in den Häusern der südlichen Dorfseite. In der Straße nach Poire stand 12./1. Wir wissen, daß letztere Kompagnie in dem Abendgefechte des vorigen Tages zersprengt worden war, daß aber ein Theil der Kompagnie an den späteren Kämpfen in diesem Dorfe Theil genommen hatte. Lieutenant v. d. Trenck hatte dann 100 Mann von 12./1. gesammelt, dazu 68 Mann anderer Kompagnien mit den Fahnen von II./1. und F./1.; am Morgen des 1. September ließ der genannte Offizier diese 68 Mann anderer Kompagnien mit den beiden Fahnen in Brémy bei den ostpreußischen Jägern und traf mit etwa 100 Mann von 12./1. gegen 10½ Uhr früh in Failly ein. Zwei Landwehrkompagnien befanden sich auch noch im Dorfe. Zwei weitere Landwehrkompagnien standen am Verhau, zur Verbindung mit der Kirchhofshöhe. Der südlich von Failly, von der Chaussee nach Benzonville bis zum Feldwege nach Failly reichende Schützengraben (n—o auf der Skizze der „Kriegsgeschichtlichen Einzelschriften", Heft 8) war von zwei Landwehrkompagnien besetzt, hinter denen zwei andere Landwehrkompagnien im Hohlwege geschlossen standen. Endlich befanden sich zwei Landwehrkompagnien als Reserve hinter dem Dorfe. 9./1. stand am Kirchhofe nördlich von Failly. Es war also jetzt die Stellung stark besetzt, nämlich von F./1., den Landwehrbataillonen Muskau, Posen und 1./2. Samter; im Ganzen von 14 Kompagnien.

Der vom Feldwege südlich des Dorfes bis zum Westausgange von Failly führende Schützengraben (i—i der Skizze der „Kriegsgeschichtlichen Einzelschriften") war auf Grund der üblen Erfahrungen vom vorigen Abende nicht besetzt worden, ebenso wenig der bis zum Wege Failly—Villers l'Orme reichende Verhau.

Etwa von 7½ Uhr früh an beschossen französische Batterien, 7./8. und 8./8. der Division Tixier, sehr heftig das Dorf Failly. Um 8½ Uhr etwa brachen dann Bataillone derselben Division zum Angriffe vor, gingen jedoch nach kurzem Feuergefechte zurück. Ein zweiter, angeblich mit stärkeren Kräften unternommener Angriff der Division Tixier richtete sich gegen die Höhen südlich von Failly, gegen den Schützengraben zwischen der Chaussee nach Bouzonville und dem Feldwege nach Failly, wurde aber von den hier liegenden Landwehrkompagnien des Bataillons Samter abgewiesen. Endlich erfolgte noch ein dritter Vorstoß der Franzosen gegen die nördliche Dorfseite um 11½ Uhr früh; hierbei erhielten aber letztere nicht nur Feuer von der Dorfbesatzung, sondern auch von links her Flankenfeuer, da gerade um diese Zeit das Bataillon II./85. siegreich auf der Höhe von Nupigny vordrang. Die Franzosen wichen sehr bald zurück und wurden von der Landwehr und einem Zuge von 11./1. verfolgt.

Während dieser vergeblichen Angriffsversuche der Franzosen auf Failly hatte 9./1. ein lebhaftes Gefecht westlich des Kirchhofes auf der Höhe nördlich des Dorfes zu bestehen, woselbst den Preußen französische Schützenschwärme auf höchstens 200 Schritt gegenüber lagen. Das Gefecht begann an dieser Stelle schon um 6 Uhr früh. Um 8 Uhr früh drang nun aber II./85. von Norden her vor, um die hier auf der Höhe liegenden Franzosen in der Flanke zu fassen. Unter kräftiger Mitwirkung dieses Bataillons nahm ein Halbzug von 9./1. den bisher von den Franzosen besetzten Verhau, hinter welchem allein 3 todte Offiziere und 15 todte Soldaten der Franzosen gefunden wurden. Später wurden die Franzosen auch aus den vorgeschobenen Schützen=

gräben vertrieben, welche am vorigen Abend verloren gegangen waren. In diesem Gefechte gab ein in Linie aufmarschirtes französisches Bataillon auf etwa 600 m Salven ab, ohne indessen damit besondere Wirkung zu erzielen. Um 10 Uhr früh wurde 9./1. durch 10./1. abgelöst. Um 11 Uhr früh wurden auch die am vorigen Tage von 10./1. besetzt gewesenen und verloren gegangenen Schützengräben wieder besetzt, dann verstummte das Gefecht.

Verluste der Preußen:
9./1. . . 1 Offizier, 16 Mann ⎱ Die beiden anderen Kompagnien
10./1. . . —   = 7   =   ⎰ von F./1. hatten keine Verluste.

Die am Gefecht betheiligten zehn Landwehrkompagnien verloren 7 Offiziere, 73 Mann, trugen also offenbar die Hauptlast des Kampfes.

Offensive der 36. Infanterie-Brigade.

Die 36. Infanterie-Brigade hatte am Bois de Failly die hessischen Truppen abgelöst und II./11. erst nach Charly, dann nach Rupigny entsandt. F./85. befand sich zur Bedeckung des Hauptquartiers in Malancourt; I. und II./85. besetzten den Südrand des zwischen Charly und Pouilly gelegenen Wäldchens. I. und F. 11. und die 2. leichte Batterie standen westlich des Gehölzes.

Um die Franzosen von dem Höhenrande zwischen Failly und Rupigny zu vertreiben, beschloß der Kommandeur der 18. Division, General v. Wrangel, einen umfassenden Vorstoß gegen Front und rechte Flanke des Gegners zu unternehmen. In der Front griffen rechts I./11., links daneben I./85. an; F./11. blieb in Reserve; II./85. sollte, wie bereits erwähnt, die rechte Flanke der Franzosen fassen. Die 1. schwere und 2. leichte Batterie nahmen zwischen Charly und dem Westrande des Bois de Failly Stellung. II./85. marschirte zunächst auf Failly, nahm drei Kompagnien in dichten Schützenlinien vor, mit kleinen Unterstützungstrupps dahinter. Hinter dem linken Flügel dieser Schützenmassen folgte 5./85. im zweiten Treffen. I./85. hatte zwei Kompagnien in Schützenlinien vorn, zwei Kompagnien geschlossen dahinter. Hier sieht man wieder einmal, wie das Regiment Nr. 85 aus seinen Erfahrungen vom 18. August gute Lehren gezogen hatte es wird jedenfalls gegen die am 1. September gewählte Formation nichts einzuwenden sein, sie hat sich auch vortrefflich bewährt.

Die für das Bataillon II/85. nöthige Rechtsschwenkung wurde sehr gut ausgeführt. Es erfolgte nun Schnellfeuer, dann ein Sprung vorwärts, dann neues Feuer; schließlich wurden die Unterstützungstrupps dicht an die Schützenlinien herangenommen und der Angriff begann mit voller Wucht, während I./11. und I./85. gleichzeitig in der Front vorgingen. Die beiden Batterien der 18. Division wirkten vorzüglich, ihre Granaten schlugen mitten in die dichten Schützenschwärme der Franzosen hinein. Es gelang, den Feind zu werfen und dabei die Verbindung mit 9./1. herzustellen. Der nördliche Thalrand des Baches von Chieulles wurde von den drei Bataillonen I./11., I. und II./85. erreicht. Nun gingen die 2. leichte Batterie des 9. Armeekorps und die 3. leichte Reserve-Batterie des 11. Armeekorps vor und nahmen die abziehenden Franzosen unter wirksames Feuer. Der Feind verließ Villers l'Orme in wilder Flucht. Dem Bataillon II./85. hatte der gelungene Angriff 4 Offiziere, 113 Mann todt und verwundet gekostet.

Kämpfe auf der Linie Malroy—Rupigny.

Auf dem linken Flügel des 6. französischen Armeekorps waren schon früh Morgens starke französische Schützenlinien über den Bach von Chieulles bis an den Südrand der jenseitigen Höhe vorgeschoben worden. Starke französische Artillerie begann das Feuergefecht. Nach Dick de Lonlay feuerten die beiden 12 Pfünder-Batterien des 6. Armeekorps (9., 10./13.), eine Batterie der Division Lafont de Villiers und vier 12 Pfünder-Batterien der Armee-Reserve-Artillerie; außerdem die schweren Geschütze des Forts St. Julien.

Rupigny wurde ziemlich heftig beschossen, auch ging etwas später französische Infanterie umfassend gegen dieses Dorf vor. 11./81. räumte infolge dessen Rupigny und zog sich auf Charly zurück, erhielt aber den Befehl, die eben verlassene Stellung wieder zu besetzen, und nahm demgemäß das Dorf wieder in Besitz; übrigens kam es hierbei nur zu ganz leichtem Gefecht. Später wurde 11./11. zur Verstärkung der Besatzung von Rupigny dorthin vorgeschoben.

Vier Batterien der 3. Reserve-Division nahmen den Kampf mit der bei Chieulles aufgefahrenen französischen Artillerie auf.

Die Franzosen behaupteten sich jedoch hartnäckig südlich und westlich von Rupigny. Als nun die 36. Infanterie-Brigade ihren erfolgreichen Angriff auf die zwischen Rupigny und Failly eingenisteten französischen Abtheilungen der Division Tixier durchführte, ließ General v. Wrangel auch das Regiment Nr. 36 auf Rupigny vorgehen, während zur selben Zeit General v. Kummer die verfügbaren Theile seiner

Linien-Brigade zum Angriff versandte, um auch auf diesem Flügel eine Entscheidung herbeizuführen.

In den nunmehr sich entspinnenden Kampf griffen mit großem Geschick Theile des 9. französischen Jäger-Bataillons vom linken Mosel-ufer her ein. Westlich der Chaussee nach Rédange rückten 1. 4./19. und ein Theil von 12./19. vor; diese Truppen erhielten empfindliches Flankenfeuer von den französischen Jägern und zwar auf Entfernungen, welche ein Erwidern dieses Feuers mit dem Zündnadelgewehr aus-sichtslos machten. Das Vorschreiten der genannten preußischen Ab-theilungen wurde durch das Flankenfeuer thatsächlich gehemmt; Dick de Lonlay behauptet sogar, Seite 428, die Preußen seien hier im Lauf-schritt zurückgegangen.

5., 8./19. versuchten östlich der Chaussee nach Rédange vorzudringen, erhielten aber so heftiges Feuer von Chieulles her, daß sie sich darauf beschränken mußten, zwischen der genannten Chaussee und Rupigny Stellung zu nehmen. Es gerieth also die Offensive der Preußen auf ihrem rechten Flügel in ein ganz entschiedenes Stocken. Nun gingen aber aus Rupigny Theile von 5., 8./81. näher an Chieulles heran, 12./81. setzte sich in dem Gehölze südlich von Rupigny unmittelbar am Thalhange fest. Inzwischen war nach dem Generalstabswerke ein Vorstoß der Franzosen auf Rupigny von der Besatzung dieses Dorfes abgewiesen worden. Die Franzosen schweigen über diesen Vorstoß gänzlich, erwähnen dagegen die Offensive des Bataillons III./75. und der Partisan-Kompagnie des Regiments Nr. 75, welche angeblich bis in die Nähe von Malroy durchgeführt worden sein soll. Diese Vorgänge sind noch nicht recht aufgeklärt. Der zweifellose Erfolg des Flankenfeuers der 9. französischen Jäger vom linken Moseluser her macht beinahe die französischen Angaben wahrscheinlich.

Jedenfalls traf jetzt das Regiment Nr. 36 bei Rupigny ein; III./36. verstärkte die Besatzung und schob 9., 12./36. gegen Chieulles vor, während die beiden anderen Bataillone in Reserve verblieben. Da nun der Rückzug der gesammten französischen Armee um diese Zeit eintrat, so gelang es auch hier, die Hochfläche nördlich des Baches von Chieulles allmälig von den Franzosen zu säubern. Das 6. französische Korps ging auf das Fort St. Julien zurück und das Gefecht ver-stummte.

Betrachtungen über den Kampf des 6. französischen Armeekorps.

Von Seiten des 6. französischen Armeekorps kamen am 1. September folgende Truppen ernsthaft ins Gefecht:

Division Tixier: Alle Partisankompagnien, die Regimenter Nr. 10 und 12, ein Theil des Regiments Nr. 100, zwei Kompagnien des 9. Jäger-Bataillons (auf dem linken Moselufer). Regiment Nr. 4 soll angeblich am zweiten Schlachttage gar keinen Verlust erlitten haben. Zusammen etwa 4000 Gewehre.

Division Lafont de Villiers: Vermuthlich alle Partisankompagnien, Regiment Nr. 75, zwei Bataillone Regiments Nr. 91, acht Kompagnien Regiments Nr. 93, neun Kompagnien Regiments Nr. 94. Zusammen etwa 3400 Gewehre.

Division Levassor-Sorval: Anscheinend nur die Partisankompagnie des 25. Regiments.

Soweit sich aus den Berichten vermuthen läßt, feuerten die sechs Batterien der Divisionen Tixier und Lafont de Villiers, ferner die 12 Pfünder-Batterien des Korps. Außerdem feuerten 24 12 Pfünder der Armee-Reserve-Artillerie. Die Batterien der Division Levassor-Sorval gaben keinen Schuß ab.

Ein Versuch des 2. Regiments Chasseurs d'Afrique, von Bauv aus auf die gegenüberliegende Hochfläche zu attaciren, wurde infolge des Granatfeuers der Preußen aufgegeben. Das Regiment suchte in den Wiesen bei Bauv Deckung und ritt dann nach dem Schlosse Grimont zurück.

Es fochten also bei dem 6. Korps am 1. September ernsthaft 7500 Gewehre und 72 Geschütze. Der Verlust der Infanterie des 6. Korps war sehr gering. Selbst wenn man die bei vielen Regimentern nicht angegebenen Vermißten ergänzt, kommt man nur auf einen Verlust von etwa 380 Mann. Bei einer Gefechtsstärke von 7500 Gewehren ergiebt dies nur 5,06 pCt.

Die Preußen erlitten dagegen folgende Verluste:

Besatzung von Faillv	8 Offiziere,	96 Mann.
35. Infanterie-Brigade	1 =	27 =
36. = =	7 =	159 =
Linien-Brigade der 3. Reserve-Division	11 =	201 =

Zusammen: 27 Offiziere, 483 Mann.

Selbst wenn man berücksichtigt, daß der Verlust der Linien-Brigade der 3. Reserve-Division beide Schlachttage umfaßt, so bleiben für den 1. September noch immer 450 Mann Verlust, gegenüber einer Einbuße der Franzosen von 380 Mann.

Diese Thatsache ist interessant. Wir erklären sie dadurch, daß die Preußen eigentlich nur bei Failly defensiv blieben, sonst aber überall die Offensive ergriffen. Selbst Theile der Besatzung von Failly gingen bekanntlich zuletzt zur Verfolgung der Franzosen über. Auch mag das Flankenfeuer der Franzosen, vom linken Moselufer her, empfindlich gewirkt haben, wenigstens verlor Regiment Nr. 19 allein 6 Offiziere, 112 Mann, ohne irgend welchen nennenswerthen Erfolg aufweisen zu können. Die Offensive des Bataillons II./85. war gleichfalls verlustreich, aber sie wurde doch wenigstens durch einen glänzenden Erfolg ausgezeichnet. Die überlegene Bewaffnung der französischen Infanterie machte sich hier besonders stark geltend, namentlich bei dem offenen Gelände, in welchem die Preußen vorgehen mußten.

Wir möchten glauben, daß ein offensives Vorgehen, von den Stellungen des 10. Armeekorps auf dem linken Moselufer aus, große Erfolge gehabt haben würde. Die ganze Vorpostenlinie des 6. französischen Armeekorps, auf dem linken Moselufer, war nur durch 4 französische Bataillone und 1 Kavallerie-Regiment gesichert, höchstens durch 1850 Gewehre, denen jede Unterstützung durch Feldartillerie fehlte. Ein entschlossener Vorstoß des 10. Korps, welches ja eine Division des 3. Korps hinter sich in Reserve wußte, würde die schwachen französischen Truppen schnell genug zurückgetrieben haben. Dann konnte eine starke preußische Artilleriemasse zwischen La Maxe und Malroy auf dem linken Moselufer entwickelt werden, welcher die vorwärts des Bois de Grimont aufmarschirten dichten Massen des 6. französischen Korps ein geradezu wundervolles Ziel dargeboten hätten. Allerdings hätte die preußische Artillerie um etwa 100 Fuß tiefer gestanden als diese französischen Massen, dafür aber konnten letztere der Länge nach von dem preußischen Granatfeuer bestrichen werden. Gleichzeitig mußten auf der Linie Malroy—Charly—Bois de Failly soviel preußische Batterien auffahren, als der Raum gestattete. Ohne Zweifel würde die französische Artillerie sich kräftig gewehrt haben, aber gerade auf diesem Theile des Schlachtfeldes fehlte es den Franzosen sehr an dem nothwendigen Entwickelungsraume für eine große Artilleriemasse. Uebrigens hätte die preußische Artillerie konzentrisch gewirkt und die Franzosen geradezu umklammert. Wir haben die glänzende Wirkung der deutschen Artillerie an beiden Schlacht=

tagen zur Genüge kennen gelernt. Was würde wohl unter den von uns angedeuteten Umständen hier erreicht worden sein? Wir denken uns die Sache folgendermaßen:

Prinz Friedrich Karl war der Ansicht, daß der eigentliche Entscheidungskampf erst am 1. September durchzufechten sein würde. Aus diesem Grunde veranlaßte er das 10. Armeekorps, am Morgen des 1. September mit 19 Bataillonen, 6 Schwadronen, 84 Geschützen auf das rechte Moseluser überzugehen, um hier für den Entscheidungskampf bereit zu stehen. Eine durch Artillerie verstärkte Division des 3. Armeekorps sollte bei Maizières den stehengebliebenen Vorposten des 10. Korps als Reserve dienen. Wir glauben nun, daß dieser letztere Befehl dahin ergänzt werden konnte, daß das ganze 3. Armeekorps bereits um 6 Uhr früh bei Maizières versammelt stand. Dann konnte der von uns angedeutete Vorstoß auf dem linken Moseluser etwa um 7 Uhr früh durch eine Division des 3. Korps ausgeführt und alsbald die Artillerie dieser Division und die Korps-Artillerie 3. Korps mit zusammen 60 Geschützen zwischen La Maxe und Malroy entwickelt werden.

Auf der Linie Malroy—Charly—Bois de Failly hätten dann zur selben Zeit verfügbar gestanden:

24 Geschütze der 18. Division,
30 = = 3. Reserve-Division, } zusammen 138 Geschütze,
84 = = 10. Armeekorps,

von welchen freilich die Batterien des 10. Korps erst allmälig eintreffen konnten. Unter allen Umständen konnten aber um 9 Uhr früh gegenüber dem 6. französischen Korps 138 preußische Geschütze in der Front, 60 Geschütze von der Flanke her im Feuer stehen.

Auch die preußische Artillerie würde in einem solchen großartigen Geschützkampfe herbe Verluste erlitten haben, aber die französischen Massen standen vor ihr wie auf dem Präsentirteller, und man darf wohl sagen, daß die Wirkung von 198 preußischen Geschützen auf die dicken Haufen der Franzosen geradezu überwältigend gewesen sein würde. Die wenigen 24Pfünder des Forts St. Julien hätten daran nichts geändert. Und nun denke man sich, daß diese 198 preußischen Geschütze bis zur Mittagsstunde etwa 12 000 Granaten auf ein gar nicht zu fehlendes Ziel absendern konnten. Der ganze linke Flügel der Franzosen wäre unter der konzentrischen Wirkung dieser 12 000 Granaten einfach zermalmt worden. Ein Infanterieangriff wäre gänzlich erspart geblieben. Der ohnehin schon so reiche Ruhmeskranz, welchen die deutsche

Artillerie 1870/71 sich errungen hat, wäre um ein schönes Blatt vermehrt worden.

Mancher Kritiker wird sagen, das ist Weisheit vom grünen Tisch her, 22 Jahre später ist das kein Kunststück. Nun wir glauben auch keineswegs, ein Kunststück zu Wege gebracht zu haben. Aber es will uns scheinen, daß die dicken Kolonnen der Franzosen auf den Hängen des St. Julien für die Deutschen geradezu eine Herausforderung waren. Prinz Friedrich Karl sah diese Massen seit der Mittagsstunde des 31. August; der Nachmittag und Abend dieses Tages vermehrte sie noch bedeutend. Jedem Artilleristen mußte das Herz im Leibe lachen, wenn er die Erlaubniß erhielt, diese gewaltigen Massen mit 200 Feuerschlünden zerschmettern zu dürfen. Endlich würde ein derartiger Schlag auch auf das übrige Heer des Marschalls Bazaine entscheidend eingewirkt haben. Die Entfernungen, auf welche der großartige Artilleriekampf hätte durchgeführt werden müssen, würden im Durchschnitt auf 2400 bis 4000 m gelegen haben; sie waren also recht bedeutend. Die Ziele aber waren gar nicht zu fehlen, es standen hier auf einem Raume von 1600 m im Quadrat das ganze 6. Armeekorps, das Gardekorps, das Reserve=Kavalleriekorps, die Reserve=Artillerie. Dies waren rund 37 000 Mann Streitbare; einschließlich der Offiziere, der Genietruppen und der Nichtstreitbaren aber gewiß 45 000 Mann. 45 000 Mann auf ⅕ Quadratmeile massirt dürfte aber wohl das wundervollste Ziel abgeben, das die Artillerie sich überhaupt nur wünschen kann. Man denke nur an die riesigen Verluste der österreichischen Korps Nr. 1 und 6, welche bei Königgrätz ähnlich massirt standen und hier so fürchterlich zusammengeschossen wurden.

Unsere Kritiker bitten wir, den von uns soeben hingeworfenen Gedanken nachsichtig zu beurtheilen. Wir wissen sehr wohl, daß es dem Prinzen Friedrich Karl vor allen Dingen darauf ankam, den linken Flügel des Generals v. Manteuffel zu unterstützen, denn nur dort war Gefahr vorhanden. Es war also sehr erklärlich und sehr richtig, daß der Prinz seine Anordnungen in diesem Sinne traf und daß alles Andere dagegen zurücktreten mußte. In der Wirklichkeit blieb aber die Linien=Brigade des Generals v. Kummer in ihrer Stellung, ebenso blieb das 10. Armeekorps hinter dieser Stellung. Die Truppen waren also thatsächlich so versammelt, daß die von uns angedeutete Massenwirkung der Artillerie in Scene gesetzt werden konnte. Um 9 Uhr früh war die Gefechtslage auch soweit aufgeklärt, daß man es wagen durfte, die vorhandene Artillerie vorzuziehen und gegen das

6. französische Korps wirken zu lassen. Der Flankenstoß von den Stellungen des 10. Armeecorps aus, gegen die Linie La Maxe—Malroy konnte unter allen Umständen durchgeführt werden; hier übersah man genau die Gefechtslage. Wir glauben also, daß die thatsächlichen Verhältnisse die Ausführung unseres Gedankens gestattet hätten. Die Wirkung wäre zweifellos gewaltig gewesen.

In Wirklichkeit kamen nur 12 Geschütze der 18. Division und 30 Geschütze der 3. Reserve-Division gegen jene französischen Massen zur Thätigkeit; sie verfeuerten auch nur 829 Granaten. Da war es kein Wunder, wenn die Angriffe der preußischen Infanterie verhältnißmäßig viel Blut kosteten. Von der Linien-Brigade der 3. Reserve-Division gelangten nur 1., 4., 5., 8./19.; ein Theil von 12./19.; II. und 12./61. zur Wirksamkeit; also nur etwa 9½ Kompagnien mit rund 2100 Gewehren; diese 2100 Gewehre hatten einen Verlust von 11 Offizieren, 201 Mann, also von 9,6 pCt.

Berechnung der französischen Truppen, welche am 1. September zu ernster Thätigkeit gelangten.

Marschall Bazaine schiebt bekanntlich die volle Verantwortung für das Mißlingen des Durchbruchsversuchs dem General Fauvart-Bastoul zu. Er sagt in seinem Berichte über die Schlacht von Noisseville:

C'est à ce moment (der Rückzug der Division Montaudon ist damit gemeint) que le corps de réserve de cavalerie se formait, pour entreprendre une charge dans le terrain découvert, qui est en avant de Servigny; et les divisions d'infanterie de la garde se préparaient à en profiter, pour prononcer un retour offensif, qui aurait entrainé très certainement les troupes des 3., 4. et 6. corps les plus à proximité, et St. Barbe eut été enlevé.

Les conséquences de la retraite du général Fauvart-Bastoul furent des plus graves; le 3. corps dut rétrograder et l'opération que j'avais tentée se trouvait par suite avoir complétement échoué.

Wir haben bereits gesehen, daß die Anschuldigung des Generals Fauvart-Bastoul jeglicher Berechtigung entbehrt. Ob Bazaine eine Massenwirkung der Reservekavallerie und der Garde überhaupt ernstlich geplant hat, kann Niemand mehr feststellen. Wahrscheinlich ist es nicht. Die Schlacht war nun zu Ende, und es ist angebracht, zu berechnen, welche Streitkräfte die Franzosen am 1. September wirklich ernsthaft in den Kampf geworfen haben. Wir gelangen dabei zu folgendem Ergebniß.

Es haben ernstlich am 1. September gefochten:

Etwa	1500	Gewehre	der Brigade	Lapasset
=	2000	=	= Division	Jauvart-Bastoul
=	1200	=	= =	Bergé
=	5000	=	= =	Moutaudou
=	2000	=	= =	Metman
=	2000	=	= =	Lorencez
=	4000	=	= ·=	Tixier
=	3400	=	= ,	Lafont de Villiers
=	100	=	= =	Levassor-Sorval

Zusammen etwa 21 200 Gewehre der Franzosen.

Von einer Berechnung der wenigen Truppen der Division Castagny, welche am 1. September gefochten haben, sehen wir ganz ab, da die französischen Berichte für eine solche Berechnung in keiner Weise ausreichen.

Die französische Kavallerie that am 1. September nichts Ernstliches, sie ist an keiner Stelle eingesetzt worden.

Auch für eine Berechnung der am zweiten Schlachttage in Thätigkeit getretenen französischen Batterien reichen die Unterlagen nicht aus. Auf dem rechten Flügel der Franzosen haben anscheinend die Batterien der Brigade Lapasset, der Divisionen Jauvart-Bastoul und Moutaudon, die Reserve-Artillerie des 3. Korps im Feuer gestanden. Dies ergiebt 90 Geschütze und Mitrailleusen.

Beim 4. Armeekorps feuerten angeblich nur 18 Geschütze und Mitrailleusen der Division Lorencez.

Auf dem linken Flügel der Franzosen traten vermuthlich 72 Geschütze in Thätigkeit, wie wir gesehen haben.

Demnach wären am 1. September 180 Geschütze und Mitrailleusen der Rheinarmee zur Wirksamkeit gelangt, außerdem die Forts St. Julien und Queuleu und vermuthlich auch Batterien der Division Castagny. Diese Division hatte bekanntlich ihre Mitrailleusenbatterie an das 6. Korps abgegeben, verfügte also nur noch über zwölf gezogene 4 Pfünder.

Ergebnisse der Schlacht.

Wir wollen den Leser nicht mit der Angabe der Stellungen ermüden, welche die deutschen Truppen nach Beendigung der Schlacht einnahmen. Wir erinnern nur daran, daß deutscherseits die Spitzen des 13. Armeekorps bei Petit Marais und Maison isolée um 1½ Uhr Nachmittags eingetroffen waren und daß das Gros des 7. Armeekorps den Befehl erhalten hatte, in der Richtung auf Mercy le Haut vorzurücken, um noch im Laufe des Tages in ein Gefecht auf der Ostseite von Metz eingreifen zu können.

In Bezug auf die vortrefflichen Anordnungen, welche Prinz Friedrich Karl im Hinblick auf die Möglichkeit einer Erneuerung der Schlacht am Nachmittage traf, verweisen wir auf das Werk „Die Operationen der 2. Armee von Freiherrn v. d. Goltz. Theil I." Hier findet man, vom Standpunkte des Oberkommandos aus angesehen, alle Maßregeln des Prinzen auf Seite 223—227.

Marschall Bazaine ertheilte um 1 Uhr Nachmittags seinen Korpskommandeuren den Befehl, ihre alten Stellungen vom 31. August früh wieder einzunehmen. Die Bewegungen begannen sofort. Zuerst überschritt das Reserve=Kavalleriekorps die Moselbrücken, dann folgten das 4. und 6. Armeekorps, zuletzt die Garde und die Armee=Reserveartillerie. Das 2. und 3. Armeekorps blieben auf dem rechten Moselufer.

Damit war also der Verzicht des Marschalls Bazaine ausgesprochen, eine gewaltsame Durchbrechung des deutschen Einschließungsheeres herbeizuführen. Denn was in den beiden Schlachttagen von Noisseville mißlungen war, konnte späterhin erst recht nicht mehr gelingen. Ein ganzes, frisches Armeekorps der Deutschen, Nr. 13, verstärkte nunmehr den eisernen Ring, welcher um Metz gelegt war. Jeder neue Tag vermehrte die deutschen Befestigungen, außerdem erlag am 1. September die Armee von Châlons für immer. Die Hoffnung auf Entsatz der Rheinarmee war damit gänzlich geschwunden.

Die Franzosen mögen in sehr trüber Stimmung in ihre alten Lager zurückgekehrt sein. Was französischerseits überhaupt ernsthaft ins Feuer kam, hatte sich auch vortrefflich geschlagen. Es ist nicht wahr, daß der Offensivgeist der Rheinarmee durch die Mißerfolge der großen Augustschlachten ernstlich gelitten hatte. Freudiger und energischer hat die französische Infanterie der Rheinarmee niemals angegriffen, als dies in der Schlacht von Noisseville geschah. Man denke nur an das Gefecht bei Montoy, an die Erstürmung der Brauerei und des Dorfes Noisseville, an die Angriffe der Divisionen Eiffen und Metman, besonders aber an den letzten nächtlichen Angriff der Division Aymard am 31. August auf Servigny. Die Vertheidigung von Noisseville am 1. September wurde mit vorzüglicher Tapferkeit durchgeführt; auch die Division Tixier schlug sich bei Failly recht gut.

Dennoch war alles Ringen vergeblich. Ueberall trat der Mißerfolg deutlich zu Tage. An ihrer eigenen Tapferkeit haben die Franzosen sicherlich am Abend des 1. September nicht verzweifelt, wohl aber an ihrer höheren Führung. Und dazu hatten sie wahrlich Grund genug.

So hoch wir die Leistungen der französischen Infanterie stellen, so gering ist unsere Meinung von dem Werthe ihrer Führer. Und zwar bezieht sich dies keineswegs lediglich auf den Marschall Bazaine, sondern ganz ebenso auch auf die Korpskommandeure der Franzosen.

Weder Marschall Leboeuf, noch General de Ladmirault haben in der Schlacht von Noisseville kriegerische Talente gezeigt. Weshalb zog denn Marschall Leboeuf nicht schon am 31. August die Division Aymard seines eigenen Armeekorps und das ihm unterstellte 2. Armeekorps zum Kampfe auf der Linie Noisseville—Montoy—Coincy heran? Wer hat ihn denn daran gehindert, dies zu thun?

Ueberall fehlte die im Deutschen Heere und hier wieder ganz besonders bei den Preußen so hoch entwickelte Initiative der unteren Führer. Weshalb erzwang denn General Metman nicht den Besitz der so überaus wichtigen Schlucht des Vallières-Baches, von wo aus sowohl Noisseville, wie Servigny im Rücken gefaßt werden konnten?

Weshalb hinderte kein französischer General die zwecklose Anhäufung von Truppenmassen vor Servigny? Hier stand doch nur eine Division der anderen im Wege! Hätten wir damals schon ein dem Chassepotgewehr ebenbürtiges Gewehr in der Hand gehabt, dann würden die Verluste dieser vor Servigny und Poixe aufgehäuften Truppenmassen erschreckend groß gewesen sein. Daß sie in Wirklichkeit recht mäßig waren, daran sind die französischen Generale ganz unschuldig; sie thaten vielmehr Alles dazu, um die Verluste zu vermehren, freilich nur aus mangelndem Verständniß.

Wir finden eigentlich nur, daß General Montaudon taktisches Geschick zeigte, indem er die 1. Brigade seiner Division auf Montoy abzweigte, sobald er die Versammlung starker preußischer Infanterie bei Retonfay bemerkte. Auch der Angriff auf Noisseville und die Brauerei wurde geschickt geleitet.

Die höhere Führung der französischen Artillerie war nun gar noch viel trauriger. Wenn der Werth der Massenwirkung der Artillerie den Franzosen selbst am 31. August noch nicht klar war, dann weiß man nicht, was man dazu sagen soll. Wir erleben es ja heut zu Tage noch, daß diejenigen Militärschriftsteller, welche es sich zur Aufgabe machen, aus den Fehlern des Gegners und der eigenen Truppen nützliche Lehren zu ziehen, in den Verdacht kommen, sie wollten nur den Nimbus zerstören, welcher die siegreiche Armee und ihre Führer umschwebt! Das ist zwar ein höchst trauriges Zeichen der Zeit, aber der Frieden zeitigt ja wundersame Blüthen. Daß aber ein Heer aus den eigenen Mißerfolgen nichts lernt, welche unter Strömen von Blut vor zwei Wochen erlitten worden waren, das dürfte denn doch wohl einzig dastehen.

Dennoch scheint es bei den Franzosen der Fall gewesen zu sein. Auf ihrem rechten Flügel mußten sie große Artilleriemassen einsetzen, hier lag die Entscheidung. Aber dies geschah nicht, und der größte Theil der französischen Artillerie blieb unthätig in Reserve.

Wir möchten also als Hauptergebniß der Schlacht von Noisseville die Thatsache bezeichnen, daß die Erkenntniß der eigenen Unfähigkeit auf immer größere Kreise der französischen Rheinarmee sich übertrug und nun allerdings den Unternehmungssinn zu lähmen begann.

Tiefen Groll im Herzen, aber mit dumpfer Resignation gehorchend, so denken wir uns die Stimmung der französischen Offiziere am Abend des 1. September. Ein hartes Loos für tüchtige Männer! Und es gab doch in den Reihen der französischen Offiziere äußerst viele tüchtige Männer.

Die genau entgegengesetzte Stimmung herrschte dagegen bei den Deutschen. Unbedingtes Vertrauen auf die höhere Führung, die volle Ueberzeugung von der eigenen Tüchtigkeit, ein klares Bild von der eminenten Ueberlegenheit der eigenen Artillerie, das waren die Ergebnisse der Schlacht für die Deutschen.

So stellt sich die Bilanz der Schlacht von Noisseville für Sieger und Besiegte.

Stärke der beiden Gegner an den einzelnen Schlachttagen.

Wir haben bei den Franzosen nur die Truppentheile als „ernsthaft im Feuer gewesen" berechnet, welche auch einigermaßen entsprechende Verluste erlitten haben. Der Gesichtspunkt, von dem aus wir unsere Berechnungen angestellt haben, ist mithin von dem Gesichtspunkte sehr verschieden, welcher für den Aufsatz „Die Stärkeverhältnisse im Kriege von 1870/71" in den „Kriegsgeschichtlichen Einzelschriften" maßgebend gewesen ist. Es kann freilich ein Truppentheil sehr wohl am Entscheidungskampfe theilgenommen haben, ohne irgendwie nennenswerthe Verluste zu erleiden. Wir haben z. B. gesehen, wie schön F./3. am 31. August bei Servigny—Poixe sich an dem Gegenstoße der Preußen betheiligte; da dieses Bataillon aber nur sechs Mann verloren hat, so kann es eben unmöglich ernsthaft im feindlichen Feuer gewesen sein. Wir sehen hier wieder einmal, wie schwer es ist, für einen Begriff eine scharfe, logische Grenze zu finden. Bei dem genannten Bataillon ist allerdings kein Zweifel darüber, daß es in den Entscheidungskampf sogar höchst erfolgreich eingegriffen hat. Bei manchen anderen preußischen Truppentheilen liegen aber die Verhältnisse nicht so klar, wie in diesem Falle. Wenn z. B. ein Bataillon in Reserve verblieb, dabei aber durch ein paar besonders weit gehende Chassepotkugeln einige Verwundete verlor, ohne selbst einen einzigen Schuß abzugeben, so wird Niemand behaupten wollen, daß dieses Bataillon wirksam in den Entscheidungskampf eingegriffen hat. Dennoch war die Anwesenheit des Bataillons als Reserve vielleicht von der höchsten Wichtigkeit; ohne das Vorhandensein einer solchen Reserve wäre vielleicht Alles anders geworden.

Auf Seite der Franzosen haben nun am 31. August recht viele Bataillone im zweiten oder dritten Treffen gestanden; in großer Nähe der Preußen und vielleicht unter viel größeren Verlusten, als sie F./3. erlitt; dennoch aber haben diese Bataillone auf den Entscheidungskampf nicht die geringste Einwirkung geäußert. Sie waren zur Stelle, brannten vor Begierde, an den Feind zu kommen, haben aber in Wirklichkeit nur den anderen französischen Truppen den Raum versperrt und gar nichts geleistet.

Wir bleiben also bei unserer Art der Berechnung, obschon auch sie recht anfechtbar ist. Allein wir legen bei beiden Gegnern den gleichen Maßstab an und glauben, daß der Leser aus einer Zusammenstellung der überhaupt auf dem Schlachtfelde verfügbaren und der wirklich ernsthaft ins Feuer gekommenen Streitkräfte am leichtesten ein einigermaßen zutreffendes Bild der beiderseitigen Leistungen erhalten wird.

Von der Division Castagny und den dieser Division gegenüber im Gefecht gewesenen preußischen Truppen sehen wir hierbei ganz ab: wohl aber werden wir diese Division und ihre Gegner als auf dem Schlachtfelde anwesend verzeichnen.

Es waren am 31. August auf dem Schlachtfelde anwesend:
Deutsche. Franzosen.
43 300 Gewehre 85 400 Gewehre
5 350 Säbel 10 700 Säbel
172 Geschütze 528 Geschütze und Mitrailleusen

Rund 52 000 Streitbare. Rund 106 600 Streitbare.

Bei den ernsthaft ins Feuer gekommenen Truppen rechnen wir die Kavallerie überhaupt nicht mit, da nur die Kavallerie-Division Clérembault mit ein paar abgesessenen Schwadronen ernstlich in den Kampf eingegriffen hat. Die Zahl der von diesen wenigen Schwadronen wirklich ins Feuer gebrachten Gewehre läßt sich nicht ermitteln, ist aber jedenfalls so gering gewesen, daß sie auf unsere Berechnung einen nennenswerthen Einfluß nicht ausüben kann.

Um unsere Zahlenangabe in Bezug auf die Deutschen zu begründen, geben wir hier die Truppentheile an, welche die „Kriegsgeschichtlichen Einzelschriften" als am Entscheidungskampfe betheiligt aufgeführt haben, welche wir jedoch als nicht ernstlich ins Feuer gekommen betrachten. Es sind dies folgende: 9., 10./1.; F./3; 2., 3., 4., II./41.; 1., 4., II./43.; 1., II./44.; etwa vier Kompagnien Regiments Nr. 45; 3., 4. Jäger-Bats. Nr. 1.

Ferner rechnen wir bei der 3. Reserve-Division nur II./81. als ernsthaft ins Feuer gekommen.

Es kamen demnach am 31. August ernstlich ins Feuer:
Deutsche. Franzosen.
10 250 Gewehre 22 500 Gewehre
108 Geschütze ? ? Geschütze.

Am 1. September standen sich auf dem Schlachtfelde gegenüber, nach Abrechnung der Verluste vom vorigen Tage:
Deutsche. Franzosen.
69 200 Gewehre 82 400 Gewehre
7 150 Säbel 10 650 Säbel
308 Geschütze 528 Geschütze und Mitrailleusen

Rund 82 500 Streitbare. Rund 103 600 Streitbare.

Deutscherseits kamen am 1. September folgende Truppentheile ernstlich ins Feuer:
2., 3., 9., 10./1.; 5., 7./3.; 1., 3., 4., II./4.; 11./41.; Regiment Nr. 43 ganz; 1., 2., II./44. und eine kombinirte Füsilier-Kompagnie Regiments Nr. 44; etwa vier Kompagnien Regiments Nr. 45. Von der dritten

Reserve-Division: 1., 4., 5., 8., 1/2 12./19.; II., 12./81.; etwa sechs Landwehrbataillone. Von der 18. Division: 9., 12./36.; I., 7., 8./11.; I., II./85. Von der Brigade Woyna 10., 11., 12. 53. Zusammen nach Abrechnung der am 31. August erlittenen Verluste rund 15 800 Gewehre.

Es muß hier noch besonders darauf aufmerksam gemacht werden, daß die deutschen Verstärkungen erst nach und nach eintrafen und keineswegs schon bei Beginn der Schlacht zur Stelle waren. Die Franzosen verfügten dagegen von Anfang an über ihre volle Stärke.

Ernsthaft ins Feuer kamen am 1. September:

   Deutsche.   Franzosen.
  15 800 Gewehre   21 200 Gewehre
   172 Geschütze   ? Geschütze

Die „Kriegsgeschichtlichen Einzelschriften" geben irrthümlich 170 Geschütze an, indem sie die 4. schwere Batterie 9. Armeekorps mit nur vier Geschützen berechnen. Letzteres ist zwar ganz richtig, allein es hat nicht die 4., sondern die 3. schwere Batterie 9. Korps in der Schlacht gefeuert, diese aber mit sechs Geschützen.

An beiden Schlachttagen zusammen kamen ernsthaft ins Feuer:

   Deutsche.   Franzosen.
  21 700 Gewehre   38 400 Gewehre
   178 Geschütze   ? Geschütze

Es wird von Interesse sein, übersichtlich zu zeigen, inwieweit die Rheinarmee an der Schlacht ernstlich betheiligt war.

	Stärke.	Ernstlich im Feuer.	Verlust.	Prozente.
Brigade Lapasset:	2 800 Gewehre	2 000 Gewehre	?	?
2. Armeekorps	10 700 =	3 200 =	120 Mann	3,75
3. =	21 600 =	17 700 =	2 330 =	13,16
4. =	16 600 =	7 000 =	1 050 =	15
6. =	17 000 =	8 500 =	440 =	5,18
Gardekorps	9 800 =	—	2 =	
	78 500 Gewehre	38 400 Gewehre.	Rund 4 000 Mann	10,4 pCt.

Es verblieben also in Reserve:

  800 Gewehre der Brigade Lapasset
 7 500   =   des 2. Armeekorps
 3 900   =   = 3. =
 9 600   =   = 4. =
 8 500   =   = 6. =
 9 800   =   = Gardekorps
40 100 Gewehre.

Wieviel Geschütze der Franzosen wirklich zum Feuern kamen, läßt sich leider nicht feststellen. Ungefähr wird man aber annehmen dürfen, daß an beiden Schlachttagen zusammen rund 300 französische Geschütze und Mitrailleusen zum Feuern gelangt sind. Jedenfalls steht fest, daß Marschall Bazaine von 78 500 Gewehren nur 38 400 ernstlich verwendete; also noch nicht einmal die Hälfte! Das spricht nicht sehr für die Absicht des Marschalls, den Durchbruch unter allen Umständen zu erzwingen.

Verluste der Franzosen.

Soweit sich aus Dick de Lonlay und den „historiques" der französischen Regimenter ersehen läßt, darf man den Verlust der französischen Infanterie wie folgt berechnen:

Brigade Lapasset	?	Mann
Division Bergé	60	=
= Jauvart-Basloul	60	=
= Montaudon	1150	=
= Metman	780	=
= Aymard	400	=
= Cissey	650	=
= Grenier	200	=
= Lorencez	200	=
= Tixier	350	=
= Lafont de Villiers . . .	80	=
= Levassor-Sorval . . .	10	=
	3940	Mann

Hierzu die unbekannten, aber angeblich geringen Verluste der Brigade Lapasset; die ebenfalls geringen Verluste der Division Castagny und zwei Mann der Garde-Infanterie ergiebt für die Infanterie rund 4000 Mann. Die Artillerie mag etwa 200 Mann verloren haben; die Kavallerie etwa 30 Mann. Dazu Genietruppen u. s. w. ergiebt einen Gesammtverlust von

145 Offizieren, 4250 Mann todt, verwundet und vermißt.

Daß diese Verlustangabe mit den offiziellen französischen Angaben nicht übereinstimmt, darf durchaus nicht überraschen. Eine Zusammenstellung der Verluste der Infanterie des 3. Armeekorps auf Grund obiger Quellen ergiebt z. B. allein rund 2160 Mann. Dabei fehlen etwa bei einem Dutzend der einzelnen Angaben die Vermißten, welche gerade beim 3. Korps sicherlich recht zahlreich gewesen sind. Das hindert aber die Franzosen nicht daran, den Gesammtverlust des 3. Korps einschließlich der Kavallerie, der Artillerie, der Genietruppen u. s. w. auf nur 2034 Mann anzugeben. Und dabei fehlen bei der Division Castagny die Verlustangaben von drei Regimentern gänzlich; bei dem Regiment Nr. 44 der Division Aymard bezieht sich die Verlustangabe nur auf eine einzige Kompagnie, was ausdrücklich angegeben wird.

Nur ein gewiegter Kenner darf es wagen, aus französischen Verlustangaben auch nur annähernd die Wahrheit zu ermitteln. Leicht ist es nicht; man muß sehr schön verstehen, zwischen den Zeilen zu lesen.

Verluste der Deutschen.

Die Deutschen verloren in der Schlacht von Noisseville:

	Todt und verwundet.		Vermißt.	
1. Armeekorps	89 Offiziere	1971 Mann	2 Offiziere	231 Mann
7. "	2 "	25 "	— "	— "
9. "	8 "	191 "	— "	— "
3. Reserve-Division . . .	26 "	408 "	— "	11 "
3. Kavallerie-Division . .	1 "	12 "		1 "
Zusammen . . .	126 Offiziere	2607 Mann	2 Offiziere	243 Mann

Die Infanterie verlor 112 Offiziere, 2647 Mann.
   " Kavallerie   "   1   "   45 "
   " Artillerie   "   13   "   157 "

Die gesammte, ernsthaft ins Feuer gekommene Infanterie zählte 21 700 Gewehre; ihr Verlust stellt sich also auf rund 12 pCt.; Regiment Nr. 43 verlor 20 pCt.; Regiment Nr. 44 22,9 pCt.; die sechs ernsthaft ins Feuer gekommenen Kompagnien Regiments Nr. 3 verloren sogar 24,35 pCt.

Zeitdauer und Witterung.

Sonnenaufgang am 31. August   5 Uhr 10 Min. früh.
     "   " 1. September 5 " 12 "   "
Sonnenuntergang " 31. August   6 " 50 " Abends.
     "   " 1. September 6 " 47 "   "

Die Schlacht begann am 31. August um 4 Uhr Nachmittags und endete um 10 Uhr Abends, also über drei Stunden nach Sonnenuntergang; sie dauerte mithin sechs Stunden. Am 1. September begann die Schlacht um 6 Uhr früh und endete um 11½ Uhr früh; sie dauerte mithin 5½ Stunden. Das Wetter war gut, die Bodenverhältnisse boten keinerlei Schwierigkeiten dar; der Zustand der Wege war gut.

Munitionsverbrauch der Deutschen.

Das Beiheft Nr. 10 des Militärwochenblattes vom Jahre 1872 giebt den Munitionsverbrauch der deutschen Artillerie auf 10 668 Granaten, 28 Kartätschen an. Das Werk von Hoffbauer: „Die deutsche Artillerie in den Schlachten bei Metz" giebt in seinem vierten Theile diese Zahlen auf 9534 Granaten und 29 Kartätschen an. Jedoch fehlt in letzterem Werke der Munitionsverbrauch der 3. schweren Batterien 7. Armeekorps; auch findet sich in diesem Werke eine Bemerkung, daß nach Angabe der Batterien 1. Armeekorps der Verbrauch an Granaten am 1. September sich auf über 400 Stück pro Batterie belaufen haben soll, während Hoffbauer den Verbrauch von dreizehn Batterien dieses Korps am 1. September nur auf 2786 Granaten berechnet. Für die hessische Division finden wir in dem Werke von Scherf: „Die Theilnahme der hessischen Division am Kriege von 1870/71" genaue Angaben. Ergänzt man diese vorhandenen Quellen gegenseitig, so erhält man folgenden Munitionsverbrauch:

Am 31. August.

72 Geschütze,	1. Armeekorps,	4860 Granaten,	29 Kartätschen
6 "	7. "	92 "	— "
30 "	3. Reserve-Division,	229 "	— "
108 Geschütze		5181 Granaten,	29 Kartätschen

Aus dieser Zusammenstellung erhellt schon die geringe Heftigkeit des Kampfes auf der Linie Malroy—Failly.

Am 1. September.

78 Geschütze	1. Armeekorps	3762 Granaten
6 "	7. "	252 "
18 "	9. "	464 "
34 "	25. Division	544 "
36 "	3. Reserve-Division	555 "
172 Geschütze		5577 Granaten

Zusammen an beiden Tagen rund 10 800 Kanonenschüsse.

Der Munitionsverbrauch der sechs Batterien 1. Armeekorps, welche am 1. September zwischen Poixe und Servigny feuerten, wird von Hoffbauer auf 417 Granaten angegeben, war also verhältnißmäßig sehr gering. Auch dürfte die von Hoffbauer angegebene Bemerkung, in Bezug auf einen Verbrauch von mehr als 400 Granaten pro Batterie, sich lediglich auf diejenigen Batterien 1. Armeekorps beziehen, welche gegen Noisseville feuerten. Wir nehmen an, daß diese letzteren Batterien mit zusammen 42 Geschützen rund 3000 Granaten verbrauchten; die zwischen Poixe und Servigny thätigen 36 Geschütze dagegen nur etwa 760 Granaten. Dies entspricht ungefähr der thatsächlich geäußerten Wirkung des Artilleriefeuers und der Gefechtslage.

Man sieht aber hier, wie schwer selbst bei der Artillerie der Munitionsverbrauch festzustellen ist; sogar wenn man aus den direkten Berichten der Truppentheile seine Angaben entnehmen kann.

Der Verbrauch an Infanteriemunition läßt sich gar nicht angeben. Regiment Nr. 1 berechnet ihn auf 72 000 Patronen; dies würde 26 Patronen pro Gewehr ergeben. Regiment Nr. 44 berechnet den Patronenverbrauch auf 75 000 Stück; dies würde 31,9 Patronen pro Gewehr ergeben.

Der Durchschnitt ergibt 29 Patronen pro Gewehr. Beide Regimenter sind mit allen Kräften ernsthaft im Feuer gewesen.

Nehmen wir nun an, daß der Durchschnitt des Patronenverbrauchs bei den 21 700 Gewehren, welche wir als ernsthaft im Feuer gewesen berechnet haben, sich auf nur 25 Stück pro Gewehr stellt, so werden wir der Wahrheit um so näher kommen, als ja auch Truppentheile ihr eigenes Feuer zur Geltung gebracht haben, ohne selbst im scharfen feindlichen Feuer gewesen zu sein; so z. B. zwei Kompagnien 1er Jäger und F./3. bei der Offensive des Obersten v. Legat. 21 700 Gewehre zu 25 Schuß pro Gewehr ergeben einen Patronenverbrauch von 542 500 = rund 540 000 Stück.

Die Franzosen verloren im Ganzen 4250 Mann einschließlich der freilich an Zahl geringen Gefangenen. Ein Theil des Verlustes fällt auf die in dieser Schlacht ganz ausnahmsweise große Wirkung des Bajonetts. Wir werden der Wahrheit nahe kommen, wenn wir die Zahl der durch deutsche Granaten, Kartätschen und Gewehrkugeln außer Gefecht gesetzten Franzosen auf 4000 Mann annehmen; denn offenbar sind bei den Franzosen ganz ähnliche Dinge vorgekommen wie bei den Deutschen, indem die eigenen Truppen aufeinander schossen. Es

kommen also auf jeden außer Gefecht gesetzten Franzosen nicht weniger als 135 Zündnadelkugeln und 2,7 Granaten!!!
Dies bitten wir besonders zu beherzigen, weil es heutzutage so viele Menschen giebt, denen es graut, wenn sie an die Wirkung der heutigen Waffen denken. Nicht jede Kugel trifft ihren Mann! Nun darf man nicht vergessen, daß mancher Franzose 2, 3 oder sogar noch mehr Gewehrkugeln erhielt, daß außerdem sehr viele Pferde getödtet und verwundet wurden, also lauter Treffer! Die Prozentzahl der Treffer erhöht sich also in Wirklichkeit recht erheblich. Ferner hat eine Granate ihre volle Schuldigkeit gethan, wenn sie die in einer Schützendeckung liegenden feindlichen Schützen zur Flucht veranlaßt, selbst ohne einen einzigen Mann dieser Schützen zu treffen. Endlich läßt sich bei der Infanterie der wirkliche Patronenverbrauch überhaupt nicht kontroliren, denn viele Patronen werden verloren, Versager kommen vor, die Munition der Todten, der Verwundeten, der Gefangenen geht ganz oder wenigstens großentheils verloren u. s. w.

Soviel aber geht aus unserem Bilde hervor, daß es von höchster Wichtigkeit ist, im Frieden den Hauptwerth nicht auf das Schulschießen bei geringen Entfernungen, sondern vielmehr auf wirklich gefechtsmäßiges Schießen bei gefechtsmäßigen Entfernungen zu legen. Es ist ziemlich gleichgültig, ob der einzelne Schütze gerade die vor ihm liegende Kopf- oder halbe Mann-Scheibe trifft, wenn er nur überhaupt trifft, entweder die Scheibe daneben oder die weiter hinten gedeckt liegenden Unterstützungstruppen. Auch hier müssen wir zwischen dem Revue-Schießen und dem scharfen Schießen unterscheiden. Im Kriege kommt es nicht darauf an, den Augen der Vorgesetzten wohlgefällige Bilder zu erzeugen, sondern lediglich darauf, recht viele Gegner zu treffen. Das sorgfältigste Schulschießen wird die Masse unserer Infanteristen niemals dahin bringen, im Angesichte des unmittelbar drohenden Todes jeden Schuß sorgfältig gezielt abzugeben. Das thun nur Männer mit eisenfesten Nerven, und deren Zahl ist leider gering. Wohl aber wird ein systematisches Gewöhnen an gefechtsmäßiges Schießen, selbst bei recht mangelhaften Ergebnissen in Bezug auf Trefferprozente, eine Truppe weit eher kriegsgemäß ausbilden, als es das sorgfältigst überwachte und geleitete Friedens-Schulschießen jemals im Stande sein wird.

Ueber den Munitionsverbrauch der Franzosen sind wir leider nicht im Stande, irgend welche zuverlässigen Angaben zu machen.

IV. Schlußbetrachtungen.

Allgemeine Bemerkungen.

Wir haben schon im Anfange unserer Arbeit nachgewiesen, daß Bazaine am frühen Morgen des 31. August 50 500 Gewehre, 7670 Säbel, 312 Geschütze und Mitrailleusen zu überraschendem Angriffe gegen die Deutschen auf dem rechten Moselufer hätte verwenden können, wenn er auf Grund der Erfahrungen vom 26. August einigermaßen zweckmäßige und thatkräftige Anordnungen getroffen hätte. Wir wissen, daß die deutsche Einschließungslinie auf dem rechten Moselufer große Lücken aufwies und sehr schwach besetzt war. Ein großer Massenausfall der Franzosen auf dem rechten Moselufer hatte also sehr günstige Aussichten auf Erfolg.

Was that nun Marschall Bazaine?

Er wartete mit dem Beginne des Angriffs bis 4 Uhr Nachmittags, ließ seine auf dem linken Moselufer untergebrachten Armeekorps in aller Ruhe über die Moselbrücken ziehen und verschaffte den Deutschen rund 11 Stunden Zeit, Gegenmaßregeln zu treffen und Verstärkungen heranzuziehen. Der entscheidende Punkt war zweifelloses Noisseville, hier mußten also die Franzosen eine erdrückende Uebermacht entwickeln. Dies war um so eher möglich, als fünf Divisionen des 2. und 3. französischen Armeekorps gegenüber von Noisseville aufmarschirt standen. Allein nur eine einzige dieser fünf Divisionen griff in der Richtung auf Noisseville an und noch dazu nur mit einer Brigade, während die andere, stärkere Brigade auf Mouton abgezweigt wurde. Dagegen stauten sich vor Servigny die Massen von fünf, sage fünf Divisionen, konnten sich natürlich bei dem Mangel an Raum gar nicht entwickeln und nutzten nur sehr wenig.

In den Gang der Schlacht griff Bazaine gar nicht ein; er blieb lediglich als unthätiger Zuschauer auf dem Schlachtfelde. Am 1. September that er erst recht nichts. Sein Befehl für diesen Tag athmet alles Andere, nur nicht Entschlossenheit, Kampfesfreude und Siegeszuversicht. Die Charakterschilderung, welche General Jarras vom Marschall Bazaine entworfen hat, scheint uns den Nagel auf den Kopf zu treffen. Bazaine war durch die Gunst der Verhältnisse, weit über sein wahres Verdienst hinaus, zu hohen und höchsten

Stellungen gelangt. Gegen die Rebellen Mexikos reichte sein Feldherrntalent noch allenfalls aus, gegenüber einem Moltke und einem Prinzen Friedrich Karl erwies er sich als ein kläglicher Stümper. Ihm fehlte zum Feldherrn eigentlich Alles; das nöthige Wissen, die erforderliche militärische Begabung, die unbedingt nothwendige Stärke des Charakters und endlich, last not least, die für den Befehlshaber eines Heeres von 170 000 Mann unentbehrliche Willenskraft. Das Bewußtsein seiner Unfähigkeit erdrückte den Marschall; er hoffte von der Güte des Schicksals irgend einen Eingriff zu seinen Gunsten. Wie es allen unfähigen und unschlüssigen Männern in ähnlicher Lage von jeher ergangen ist, so erging es auch dem Marschall Bazaine; er wartete und wartete auf das erhoffte, besonders glückliche Ereigniß; in dieser Erwartung wagte er selbst nicht das Geringste, um nur ja nichts aufs Spiel zu setzen, und da jene mysteriöse Hülfe des Schicksals ausblieb, richtete er sein Vaterland zu Grunde und verlor selbst dabei Alles, seine hohe Stellung, seinen Ruhm, seine irdischen Glücksgüter, die Achtung seiner Mitmenschen, beinahe auch noch sein Leben.

Bazaine war kein Verräther, ebenso wenig wie Mack 1805 bei Ulm ein Verräther war, oder der Herzog von Braunschweig 1806. Bazaine war nur unfähig und nicht charakterstark genug, um diese Unfähigkeit offen zu bekennen, obschon er sich selbst darüber klar gewesen sein mag. Dabei neigte er zu Intriguen und gefiel sich in dem Gedanken, als Oberkommandeur der einzigen, nach Sedan noch vorhandenen französischen Armee vielleicht doch noch eine entscheidende Rolle zu spielen. Die Eitelkeit spielt oft genug klugen und tüchtigen Männern einen bösen Streich, bei unfähigen Männern führt sie direkt zum Verderben.

Wir sind der festen Ueberzeugung, daß Bazaine bei Noisseville gar nicht siegen wollte. Es würde also falsch sein, wenn man aus den Erscheinungen der Schlacht von Noisseville allgemeine Schlüsse in Bezug darauf ableiten wollte, ob ein in eine moderne Fortsetzung eingeschlossenes Heer einen Durchbruchsversuch glücklich durchführen kann oder nicht.

Daß die Rheinarmee zu jener Zeit, sogar ohne besonders ernsten Kampf, Metz verlassen konnte, führt das Generalstabswerk selbst aus. Einen kompetenteren Richter als den Feldmarschall Moltke dürfte es aber in diesen Dingen schwerlich geben.

Trotz alledem ist die Schlacht von Noisseville ein sehr ernster Kampf gewesen. Denn wenn auch Bazaine höchst wahrscheinlich gar nicht durchbrechen wollte, so wollten es seine Truppen desto sicherer und ihre Generale erst recht. Es fehlte aber diesen Generalen an jeder Initiative. Bei der französischen Armee war im Frieden, trotz aller unleugbar kriegerischen Anlagen des französischen Volkes, ein Schematismus großgezogen worden, der jedes selbstständige Handeln einfach unterdrückte. Man wartete stets auf Befehle. Wer einen Befehl erhielt, handelte entschlossen und meist auch recht geschickt; wer aber keinen Befehl erhielt, that einfach gar nichts.

Auf Seite der Deutschen war dagegen ein geradezu herrlicher Geist frischer Initiative zu finden. Oefters führte allerdings der Thatendrang der unteren Befehlshaber zu weit; er veranlaßte sogar eine Reihe von Schlachten, die gar nicht oder wenigstens noch nicht in der Absicht der höchsten Führung lagen. Ein deutscher General, welcher glaubte, mit den ihm unterstellten Truppen einen Erfolg erzielen zu können, wartete nur selten auf Befehle, meist handelte er nach dem bewährten Grundsatze unseres greisen Helden Blücher „man immer frisch druff". Vor der Last der Verantwortung scheute ein deutscher General, Gott sei Dank, nur sehr selten zurück.

Nun liegt das Richtige offenbar in der Mitte, zwischen allzu frischer Initiative der Unterführer und dem passiven Gehorsam derselben. Soviel steht aber fest, daß man Schlachten weit eher mit einem Heere gewinnt, dessen Generale gewohnt sind, selbstständig zu handeln, als mit einer Armee, in welcher stets nach Schema F gehandelt wird und deren Generale ohne Befehle gar nichts thun.

Auch wir haben 1870/71 oft genug Fehler gemacht, mitunter sogar recht schwere Fehler. Aber sehr selten war Mangel an Entschlossenheit die Ursache derselben. Wir sind der Ansicht, daß der Ursprung fast aller deutscherseits begangenen taktischen Fehler darin zu suchen ist, daß die Erfahrungen des Krieges von 1866 noch nicht zum Gemeingute der ganzen Armee gemacht waren, und daß der Werth des Studiums der neuesten Kriegsgeschichte nicht annähernd richtig gewürdigt wurde. Es gab auch bei uns 1870/71 im Heere eine zahlreiche Gefolgschaft, deren Mitglieder in Jedem einen „Gelehrten" witterten, der mit besonderem Eifer die neueste Kriegsgeschichte studirte. Es lag nahe, einen solchen „Gelehrten" mit dem Beinamen eines „Theoretikers" zu behaften; noch ein Schritt weiter und er galt für unpraktisch. Wir hatten auch im Jahre 1870, trotz aller Erfahrungen von 1866, „Revuetaktiker", sonst würden wir nicht so oftmals gut vertheidigte und stark besetzte Stellungen angegriffen haben, ohne durch unsere herrliche Artillerie deren Besatzungen vorher erst gründlich erschüttert zu haben.

Man kann „scharfe Taktik" nur dann erfolgreich betreiben, wenn man die Erfahrungen der neuesten Feldzüge recht gründlich verarbeitet hat, und dies ist wiederum ohne tüchtiges Studium der neuesten Kriegsgeschichte nicht zu erreichen. Man braucht aber hierzu keine Spur von „Gelehrsamkeit", diese ist im Gegentheil eher schädlich als nützlich; ein gesunder Menschenverstand, viel Fleiß und sehr viel Liebe zur Sache, weiter gehört nichts dazu. Daß man ein vorzüglicher Kenner der Kriegsgeschichte und zugleich eminent praktisch veranlagt sein kann, dafür ist Prinz Friedrich Karl ein leuchtendes Beispiel. Es mag 1870/71 im Deutschen Heere nur Wenige gegeben haben, welche soviel von Kriegsgeschichte verstanden, als Prinz Friedrich Karl. Dennoch hat alle Welt den herrlichen praktischen Blick des Prinzen, sein gottbegnadetes Feldherrntalent, sein schneidiges Reiten und noch vieles Andere an ihm bewundert, ohne daß Jemand gewagt hätte, den Prinzen unter die Kategorie der „unpraktischen Theoretiker" zu rechnen.

Wir haben es hier mit einem ganz falschen Vorurtheil zu thun, welches leider tief im deutschen Blute steckt. Die „Revuetaktiker" beanspruchen für sich das Vorrecht, „Praktiker" zu sein. Dies mag zutreffen, soweit es sich darum handelt, im tiefsten Frieden recht schnell in hohe Stellungen zu gelangen. Im Kriege gilt aber einzig und allein die „scharfe Taktik", und daß die Abzeichen einer hohen Würde nicht genügen, um die für eine solche Stellung unbedingt nothwendige Einsicht, Charakterstärke, Willenskraft u. s. w. zu erlangen, das lehrt uns Marschall Bazaine.

Bemerkungen über die Verhältnisse beim Einschließungsheere.

Ueber das Verhalten des Prinzen Friedrich Karl und des Generals v. Manteuffel wollen wir uns nicht weiter verbreiten, es war einfach mustergültig. Wir empfehlen aber allen Offizieren, welche nach höheren Dingen streben, ein gründliches Studium dieses Verhaltens. Das Material für solches Studium findet sich mühelos im Generalstabswerk, im Heft Nr. 11 der „Kriegsgeschichtlichen Einzelschriften" und in dem ersten Theile des Werkes vom Freiherrn v. d. Goltz über die II. Armee.

Vielleicht hätte Prinz Friedrich Karl schon am 31. August früh dafür sorgen können, daß das ganze 7. Armeekorps über Courcelles die rechte Flanke der Franzosen bedrohte. Man konnte immerhin nicht wissen, ob die zahlreichen, ganz intakten Reserven der Rheinarmee nicht plötzlich auf Courcelles sich in Marsch setzen würden, um hier den Durchbruch zu erzwingen. Die bei Courcelles wirklich versammelten deutschen Truppen würden einem solchen Massenstoße nur kurze Zeit haben widerstehen können. Die linke Flanke der hier etwa durchbrechenden Franzosen war durchaus gesichert, denn die gleichzeitig bei Noisseville, Montoy und Flanville sich abspielenden Kämpfe nahmen die dortigen, ohnehin sehr geringen Streitkräfte der Deutschen voll und ganz in Anspruch. Hier konnte General v. Manteuffel nicht einen Mann entbehren. In ihrer rechten Flanke hätten die Franzosen aber nur ein paar Kavallerie-Feldwachen gefunden. Wir glauben also, daß hier, auf dem linken Flügel des 1. Armeekorps eine sehr ernste Gefahr vorlag, und es war sehr natürlich, daß das nächste Korps des Einschließungs= heeres hier zu Hülfe eilte, nämlich das 7. Korps. Wahrscheinlich hat der Prinz am 31. August noch immer große Rücksicht auf den greisen General v. Steinmetz genommen.

Als jedoch von Seiten des Oberkommandos der 1. Armee im Laufe des 31. August nicht nur keinerlei weitere Unterstützung für das hart bedrängte 1. Armeekorps herbeigeholt, sondern im Gegentheil die 3. Kavallerie-Division sogar noch vom Schlachtfelde zurückbefohlen wurde; auch die gleich früh Morgens nach Courcelles abmarschirte Brigade Woyna den Befehl erhielt, nur im Nothfalle das 1. Armee= korps zu unterstützen, konnte Prinz Friedrich Karl nicht länger zögern. Wir sahen, wie energisch er für den 1. September auch bei der 1. Armee eingriff. Wir enthalten uns jedes Urtheils über diese Vorgänge, möchten jedoch nochmals hervorheben, daß die Stellung des Generals v. Steinmetz, von dem Momente seiner Unterordnung unter den Prinzen Friedrich Karl an, eine Zwitterstellung war. Seine Lage war keineswegs beneidenswerth, und es war für alle Be= theiligten eine Erlösung, als 14 Tage nach der Schlacht von Noisseville der General v. Steinmetz zum General-Gouverneur in Posen ernannt wurde. Das Jahr 1870 hatte dem „Löwen von Nachod und Skalitz" nur Unglück gebracht; die Schlachten von Spicheren und von Colombey— Nouilly wurden ohne sein Zuthun geschlagen; sein persönliches Eingreifen in den Gang der Schlacht vom 18. August, an der Thalenge von Gravelotte, war den Truppen verhängnißvoll geworden und sein Ein= fluß auf die Schlacht von Noisseville war gleich Null. Desto heller strahlt aber noch heute der Ruhm des greisen Helden aus dem Jahre 1866.

Die allgemeinen Vorschriften für das Einschließungsheer hatten sich in der Schlacht von Noisseville durchaus bewährt; so besonders die telegraphische Verbindung des Oberkommandos mit den verschiedenen Generalkommandos; die Anlage der Beobachtungsposten; die Herstellung der Moselbrücken und der zu ihnen führenden Wege; die Wahl des Aufenthaltsortes des Prinzen Friedrich Karl auf dem Horimont.

Recht wenig bewährt hatten sich dagegen die mangelhaften und ohne richtiges taktisches Verständniß angelegten Befestigungen. Hier fehlte überall der rechte Zusammenhang. Jede kleine Befestigung war für sich angelegt, ohne genügende Rücksicht auf das große Ganze, mitunter auch ohne zweckmäßige Benutzung des Geländes. Die Vallières-Schlucht war viel zu sehr vernachlässigt worden. Wir verweisen in dieser Beziehung auf unsere früheren Bemerkungen und auf die vortrefflichen Ausführungen im Heft Nr. 8 der „Kriegsgeschichtlichen Einzelschriften".

Daß das 1. Jägerbataillon hinten in Brémy lag, erscheint uns keineswegs sachgemäß. Man denke nur an die vortreffliche Verwendung, welche General v. Kirchbach vor Paris dem 5. Jägerbataillon zu Theil werden ließ, und an die glänzenden Früchte der Thätigkeit dieses Bataillons. Die ganze Ausbildung der Jäger, ihre Schießfertigkeit, ihr Ersatz macht sie bei der Einschließung einer Festung geradezu zu Elitetruppen; aber man muß ihre schönen Eigenschaften dann auch ausnutzen.

Ebenso wenig richtig wurden die Pioniere verwendet, welche sich gleichfalls ganz hinten befanden. Für die ersten vier Wochen der Einschließung gehörten sie sicherlich nach vorn; erst wenn der Einschließungsring wirklich den Charakter einer solide befestigten, sturmfreien Stellung angenommen hatte, durften sie nach rückwärts verlegt werden. Während der ersten Zeit hatten sie vorn reichliche Arbeit; wir würden es sogar für richtig gehalten haben, wenn bei der geringen Truppenstärke der Deutschen auf dem rechten Moselufer, mindestens nach den Erfahrungen vom 26. August, jedes Korps des Einschließungsheeres dem General v. Manteuffel eine Pionier-Kompagnie hätte zur Verfügung stellen müssen. Es handelte sich auf dem rechten Moselufer darum, durch starke Befestigungen und ausgedehnte Hindernisse die geringe Stärke der Vertheidiger zu ergänzen. Was nützen aber die Pioniere, wenn sie weit hinten kantonniren? Nur die 2. Infanterie-Division hatte ihre Pionierkompagnie an der richtigen Stelle, nämlich in der vorgeschobenen Vertheidigungsstellung von Laquenexy.

Taktische Bemerkungen.

1. Massenwirkung der Artillerie.

Wir haben gesehen, daß die Franzosen zwar eine Masse von Artillerie zur Thätigkeit brachten, aber ohne jede Spur einer einheitlichen Leitung und im Uebrigen auch nicht annähernd so zahlreich, als die Verhältnisse dies gestattet hätten und gleichzeitig gebieterisch verlangten. Eine starke Anhäufung einzelner Batterien ist noch lange nicht eine Artilleriemasse; sie wird dies erst durch einheitliche Leitung.

Auf deutscher Seite sahen wir die glänzende Thätigkeit der Artilleriemasse von 60 Geschützen des 1. Armeekorps beim Beginn der Schlacht vom 31. August und ebenso die vernichtende Wirkung der 90 bezw. 94 deutschen Geschütze gegen Noisseville und die Brauerei, obschon in letzterem Falle das Gelände eine einheitliche Leitung unmöglich machte und die Artilleriemasse in mehrere Gruppen zerfiel.

2. Flankenwirkung der Artillerie.

Für die mächtige Wirkung des Flankenfeuers der Artillerie finden wir in der Schlacht von Noisseville eine ganze Reihe von Beispielen.

a) Die herrliche Leistung der beiden Batterien der 3. Reserve-Division am 31. August von der Höhe von Rupigny aus;

b) die Wirkung der beiden reitenden Batterien 3. französischen Armeekorps am 31. August von Noisseville aus, gegen die linke Flanke der großen preußischen Artillerielinie;

c) das erfolgreiche Eingreifen preußischer Batterien von Servigny aus, um die Franzosen an weiteren Fortschritten über Noisseville hinaus zu verhindern;

d) die sehr geschickte Verwendung der Batterien der Brigade Wogna am 1. September, mit ihrem durchgreifenden Erfolge.

3. Angriffe auf Dörfer und große Gehöfte.

Die Franzosen haben eine Menge von Dörfern und Gehöften angegriffen, theils nach gründlicher Vorbereitung durch Artilleriefeuer, theils ohne eine solche.

In die erste Kategorie gehören die Angriffe auf die Brauerei, auf Château Aubigny, auf Mercy le Haut; sie gelangen sämmtlich.

Der Angriff auf Noisseville war nur mäßig durch Artilleriefeuer vorbereitet; er gelang trotzdem, aber nur durch das Zusammenwirken einer Menge für die Deutschen unglücklicher Zwischenfälle.

Ohne gründliche Artillerievorbereitung griffen die Franzosen folgende Dörfer an: Failly, Poixe, Servigny, Flanville, Marsilly. Alle diese Angriffe scheiterten; erst der überraschende, nächtliche Angriff auf Servigny führte einen vorübergehenden Erfolg herbei.

Der Angriff auf Failly am 1. September war ziemlich gut durch Artilleriefeuer vorbereitet, indessen hielten die Preußen dieses Feuer sehr gut aus und wiesen alle Angriffe der Franzosen zurück.

Wir neigen zu der Ansicht, daß das kältere Temperament der Deutschen dem Granatfeuer thatkräftigeren Widerstand entgegensetzt, als das aufgeregte, heißblütige Naturell der Franzosen dies im Stande ist.

Auch die Deutschen haben Noisseville und die Brauerei zu wiederholten Malen ohne vorhergegangene Erschütterung des Vertheidigers durch Artilleriefeuer angegriffen; allein diese Angriffe scheiterten sämmtlich, und zwar unter sehr schweren Verlusten. Daß das Bataillon II/4. am Abend des 31. August Noisseville besetzen konnte, lag nur daran, daß die Franzosen, infolge des heftigen preußischen Artilleriefeuers von Servigny her, das Dorf noch nicht ordnungsmäßig besetzt hatten; man kann also nicht behaupten, daß hier einmal der Angriff ohne vorherige Erschütterung des Vertheidigers durch Artilleriefeuer gelungen sei.

Die Angriffsversuche von Theilen des Regiments Nr. 45 auf Colombey, Coincy und Château Aubigny scheiterten durchweg, weil sie der Mitwirkung der Artillerie gänzlich entbehrten und außerdem mit zu geringen Kräften unternommen wurden.

Dagegen gelang der Angriff der Preußen auf Flanville am 1. September glänzend, nachdem die preußische Artillerie gründlich vorgearbeitet hatte. Unter dem Eindrucke der Flankenwirkung der Brigade Woyna gestalteten sich auch die Verluste der Preußen minimal.

Endlich wurden Noisseville und die Brauerei, infolge der Massenwirkung der 90 bezw. 94 deutschen Geschütze, ohne jeden ernsten Kampf von den Preußen wieder besetzt, während alle Angriffe vor dieser Massenwirkung der Artillerie unter schweren Verlusten gescheitert waren.

4. **Thätigkeit abgesessener Kavallerie.**

Das geschickte Eingreifen einiger abgesessener Schwadronen der Dragoner-Division Clérembault in den Kampf bei Coincy verdient volle Beachtung, wenngleich man hier die große numerische Schwäche der Preußen in Betracht ziehen muß.

5. **Flankenfeuer der Infanterie.**

Wenige Schlachten illustriren so wie die Schlacht von Noisseville die ergiebige Wirkung des Flankenfeuers der Infanterie. Wir beschränken uns hier darauf, nur die Hauptmomente hervorzuheben; in den Regimentsgeschichten finden sich noch zahlreiche Beispiele dafür im Einzelnen, die oft sogar sehr interessant sind.

Diese Hauptmomente sind:

a) Die Wirkung des Flankenfeuers der Besatzung von Flanville auf die eben noch siegreich vordringenden Franzosen, welche gerade im Begriff waren, die geworfenen 44er völlig zu umwickeln, und nun die schon sicher geglaubte Beute fahren lassen mußten;

b) sehr empfindlicher Eindruck des Flankenfeuers der Franzosen von der Brauerei her auf die Vertheidiger von Noisseville;

c) dieselbe Erscheinung bei Servigny, als die Franzosen in die Dorfstraße eingedrungen waren und nun die noch wacker kämpfenden Vertheidiger des südwestlichen Schützengrabens in der Flanke faßten;

d) genau dasselbe sehen wir bei Failly, wo die nördlich des Dorfes in Schützengräben liegenden Vertheidiger dieselben räumen mußten, weil sie von Süden her Flankenfeuer erhielten;

e) besonders scharf tritt die Wirkung des Flankenfeuers in die Erscheinung, welches 10./41. im Weingarten von Servigny noch dazu überraschend abgab;

f) die Kämpfe in der Schlucht des Vallières-Baches, sowie die vergeblichen Angriffe der Preußen auf Noisseville am 1. September sprechen deutlich für den gewaltigen Eindruck des Flankenfeuers feindlicher Infanterie. Wir verweisen auf unsere Darstellung dieser Begebenheiten, in welchen sich stets dieselbe Erscheinung wiederholte;

g) das Flankenfeuer des 9. französischen Jäger-Bataillons, vom linken Moselufer aus, übte auf die Preußen einen höchst empfindlichen Einfluß aus.

6. Bajonettkampf.

Die meisten Bajonettkämpfe, welche die neuere Kriegsgeschichte uns überliefert, kommen darauf hinaus, daß der Angreifer mit dem Bajonett drohte und der Vertheidiger nicht mehr genug moralischen Halt besaß, dieser Drohung ruhig entgegenzutreten. In der Schlacht von Noisseville haben aber ganz ausnahmsweise wirkliche Bajonettkämpfe stattgefunden. Wir verweisen auf unsere Darstellung des Kampfes um Servigny und auf die vortreffliche Geschichte des Regiments Nr. 1, in welcher man über diese Kämpfe Einzelheiten findet.

7. **Kampf in einer unübersichtlichen und mit Weinpflanzungen bedeckten Bergschlucht.**

Wir haben schon früher auf die Wichtigkeit des Kampfes in der Ballières-Schlucht hingewiesen. Leider ist eine erschöpfende Schilderung der dort sich abspielenden Kämpfe noch nicht möglich, weil amtliche französische Gefechtsberichte vorerst noch fehlen. Immerhin gestatten die Regimentsgeschichten einen höchst interessanten Einblick in die Eigenart solcher Kämpfe, und können wir das Studium derselben nur warm empfehlen.

8. **Flankenangriffe der Infanterie.**

Für die große Aussicht auf das Gelingen eines Flankenangriffs finden sich in der Schlacht von Noisseville eine Menge von Beispielen:

a) Das erfolgreiche Bedrohen der rechten Flanke der 45er durch das Auftreten der Franzosen (abgesessene Dragoner, drei Kompagnien 18. Jäger-Bataillons und I./84.) bei Coincy; bekanntlich wurden die Preußen dadurch zum Rückzuge gezwungen;

b) das Aufrollen des linken Flügels der bei Montoy angreifenden 44er durch den Flankenangriff des französischen Regiments Nr. 62;

c) der Flankenangriff der Franzosen auf die Brauerei aus dem Grunde von Montoy her, welcher zur Eroberung des Gehöftes führte;

d) das Eingreifen von 6., 8./3. bei Servigny gegen den ersten Angriff der Division Metman;

e) der Flankenangriff der 5. französischen Jäger bei Failly;

f) der Gegenstoß der Preußen unter Oberst v. Pegat, welcher sich gleichfalls zu einem Flankenangriffe gestaltete;

g) der schöne Flankenangriff der Brigade Woyna am 1. September;

h) der Angriff des Bataillons II./85. auf der Höhe zwischen Rupigny und Failly am 1. September;

Alle diese Angriffe führten einen Erfolg herbei; nicht ein einziger Flankenangriff scheiterte.

9. **Nächtliche Angriffe.**

Für die Beurtheilung des Werthes nächtlicher Angriffe liefert die Schlacht von Noisseville gleichfalls zahlreiches Material. — Der Angriff der Division Aymard gelang; er war zweifellos geschickt angesetzt und wurde recht energisch durchgeführt, aber er gelang doch nur, weil außergewöhnliche Umstände ihn begünstigten. Die Preußen vermutheten bekanntlich vor sich noch eigene Truppen, weil die Gegenangriffe des

Obersten v. Legat und der 43er soeben erst sich vollzogen hatten, es
herrschte also eine allgemeine Unsicherheit. Wären die Preußen sicher
gewesen, daß sie auf eigene Truppen nicht schießen würden, und hätten
die 43er einfach die Besatzung verstärkt, statt über den Dorfrand hinaus
vorzubringen, so würde dieser berühmt gewordene Angriff der Franzosen
höchst wahrscheinlich unter schweren Verlusten gescheitert sein.

Aus dem Gelingen dieses Angriffs darf man also unter keinen
Umständen allgemeine Schlüsse für die Zukunft ziehen; so außergewöhn=
liche Umstände werden den Vertheidiger selten beeinflussen, als dies bei
Servigny der Fall war. Nicht immer wird ein Gegenstoß der eigenen
Reserven gerade beim Einbruch der Dunkelheit erfolgen; nicht immer
werden die traurigen Folgen des Feuerns auf die eigenen Truppen eine
allgemeine Unsicherheit erzeugen; nicht immer wird der Gegner über
diese Verhältnisse einen so klaren Einblick gewinnen, als dies vor Servigny
den Franzosen gelang.

Jedenfalls aber steht fest, daß die Franzosen ebenso schnell und
gründlich wieder von dem Schauplatze ihres Erfolges hinweggefegt
wurden, als sie diesen Erfolg erreicht hatten, und zwar durch eine
Handvoll Preußen, welche wegen der allgemeinen Unsicherheit soeben
überrannt worden waren. Die Furcht der Franzosen, daß ihre Massen
sich gegenseitig beschießen könnten, mag hierbei eine große Rolle gespielt
haben.

Für die Nachtgefechte spricht dies schwerlich.

Desto deutlicher spricht gegen die Nachtgefechte die Wirkung des
Feuers der 43er auf die eigenen Truppen, ebenso das sich auch nach
rückwärts ergießende Feuer der Kompagnie 10/41. aus dem Weingarten
von Servigny.

Die nächtlichen Angriffe der Franzosen auf Jaillv, der Preußen
auf Noisseville sprechen ebenfalls nicht für den Werth derartiger Unter=
nehmungen bei finsterer Nacht.

Die Schwärmer für Nachtgefechte vergessen gar zu leicht, daß es
ein großer Unterschied ist, ob die Nacht wirklich finster ist, oder ob
klarer Mondschein das Gelände erhellt. In letzterem Falle kann ein
geschickt geleiteter Angriff bei Nacht vollen Erfolg haben und die
eigenen Verluste erheblich vermindern, im ersteren Falle gehört der
Versuch eines nächtlichen Angriffs größerer Truppenmassen einfach vor
ein Kriegsgericht, wenn nicht ganz besonders günstige Verhältnisse vor=
liegen, wie dies bei der Division Aymard der Fall war. Selbst dann
wird aber ein offensiver Rückschlag des Vertheidigers schwer abzuwehren

sein, denn der Vertheidiger kennt das Gelände, der Angreifer aber kennt es nicht und sehen kann bei finsterer Nacht weder der Eine, noch der Andere auch nur auf 20 Schritt.

Die Gefahren, welche das Feuer auf die eigenen Truppen mit sich bringt, werden durch das Nachtgefecht bei Servigny besonders grell beleuchtet.

10. Der Eindruck ganz plötzlich und überraschend hereinbrechenden Infanteriefeuers tritt besonders bei dem Kampfe um Montoy hervor, als die bis dahin von den Franzosen ganz unbeachtet gebliebene Besatzung Flanvilles ihr Flankenfeuer gegen die im vollen Siegesrausche vorstürmenden Franzosen ergoß. Noch wirksamer erwies sich das Feuer von 6./1. in der Ballières-Schlucht, woselbst die preußische Kompagnie die Franzosen in der Nacht auf 50 Schritt herankommen ließ und sie dann ganz überraschend mit vernichtendem Gewehrfeuer überschüttete. Genau dieselbe Wirkung erzielten die Vertheidiger des südwestlichen Schützengrabens von Servigny und die Kompagnie 10/41. im Weingarten von Servigny. Wir haben also vier Beispiele in einer Schlacht für dieselbe Erscheinung.

11. Von ganz hervorragendem Interesse ist der Kampf bei Montoy am 31. August. Hier stießen zwei gleichzeitig vorgehende Infanterielinien ganz überraschend aufeinander, was gewiß sehr selten vorkommen wird und nur dadurch erklärt werden kann, daß eine Aufklärung auf beiden Seiten unterblieben war, obschon das ganz offene, wenngleich schluchtenreiche Gelände eine solche Aufklärung sehr leicht machte. Die Franzosen waren in großer Uebermacht und ließen außerdem die Preußen in ihr Feuer hineinlaufen; das Endergebniß wäre Vernichtung der Preußen gewesen, wenn nicht die Besatzung von Flanville so sehr geschickt in den Kampf eingegriffen und von der Höhe nördlich des Kampffeldes gleichfalls preußisches Feuer die Weichenden aufgenommen hätte.

Also Beigabe von Reiterpatrouillen selbst an schwächere Infanterie-Truppentheile! Hier macht sich die Kavallerie bezahlt, besser als bei einer vergeblichen Attacke!! Wir glauben, daß hier eine große Lehre für die Zukunft sich findet.

12. Mittheilung der Absichten der höheren Führung an die Unterführer.

Wir haben bei der Vertheidigung von Noisseville gesehen, daß es in einer Vertheidigungsschlacht unbedingt geboten erscheint, mindestens jeden Bataillonskommandeur mit den Absichten genau vertraut zu machen, welche die höhere Führung hegt. Dies kostet nur geringe Mühe und wird reich belohnt. Jeder vorgeschobene Posten muß wissen, ob er auf Unterstützung zu rechnen hat, sich also aufs Aeußerste behaupten soll, oder nicht. Erst dadurch wird die höhere Führung die Garantie dafür gewinnen, daß durchweg in ihrem Sinne gehandelt wird. Der Verlust von Noisseville wäre zweifellos zu vermeiden gewesen; die Wiedereroberung kostete außerordentlich viel Blut. Nicht die Hälfte dieses preußischen Blutes wäre vergossen worden, wenn man gleich anfangs richtige Anordnungen getroffen hätte.

Auch hier sehen wir wiederum die Wichtigkeit der Beigabe von ausreichend starken Reiterpatrouillen an die Infanterie. Eine einzige von Retonfay nach Noisseville herüberjagende Dragonerpatrouille hätte genügt, den Bataillonskommandeur in Noisseville davon zu verständigen, daß fünf Bataillone zu seiner Unterstützung herbeieilten.

13. Luftballons.

Wir möchten noch darauf aufmerksam machen, daß in Zukunft gefesselte Luftballons zur Beobachtung einer Festung Verwendung finden werden. Da dieselben unbedingt mit Fernsprecheinrichtungen versehen werden können, so wird in Zukunft die Aussicht auf das glückliche Durchbrechen einer eingeschlossenen Armee noch wesentlich vermindert sein. Genaue Meldungen können auf diesem Wege erstattet, Rückfragen sofort beantwortet werden. Bedingung dafür ist nur einigermaßen klares Wetter.

14. Hindernisse.

Wenn man nicht die Absicht hat, eine Festung zu belagern, wie dies bei Metz der Fall war, so wird es vortheilhaft sein, von der Anlage von Hindernissen in ausgedehntester Weise Gebrauch zu machen. Drahthindernisse werden sich hierbei ganz besonders empfehlen. Unser heutiges Gewehr giebt die Möglichkeit, diese Hindernisse auch aus weiterer Entfernung in überaus wirksamer Weise unter Feuer zu halten. Es genügt dann, Durchlässe für die eigenen Patrouillen offen zu lassen, welche sehr schmal sein müssen. Noch besser sind Verhaue, aber hierfür ist das Vorhandensein von Waldparzellen die Bedingung. Es wird also leicht sein, die vorhandenen Waldparzellen auszunutzen und das offene Gelände durch Stacheldrahtzäune abzusperren.

Je geringer der Entwickelungsraum für den eingeschlossenen Gegner ist, desto besser für den Einschließenden.

15. Fernsprecheinrichtungen.

Es ist ohne Zweifel in Zukunft möglich, unter den gleichen Voraussetzungen, wie sie bei Metz vorhanden waren, die Generalkommandos unter sich und mit dem Oberkommando mit Fernsprecheinrichtungen zu versehen. Dadurch wird eine wesentliche Erleichterung der Befehlsertheilung ermöglicht und die Gewähr dafür geboten, daß Rückfragen sofort beantwortet werden können. Der Standpunkt der heutigen Technik dürfte dafür bürgen, daß derartige Einrichtungen ohne große Schwierigkeiten hergestellt werden. Die Bewachung der betreffenden Einrichtungen gegen Störung durch feindliche Landeseinwohner dürfte sich nicht schwieriger stellen, als dies 1870 für die Telegraphenlinien der Fall war.

www.ingramcontent.com/pod-product-compliance
Lightning Source LLC
Chambersburg PA
CBHW022131160426
43197CB00009B/1240